동물에게 배우는
생존의 지혜

동물에게 배우는 생존의 지혜

1판 1쇄 발행 2018년 7월 15일
1판 2쇄 발행 2019년 10월 25일

지은이 송태준
펴낸이 이윤규

펴낸곳 유아이북스
출판등록 2012년 4월 2일
주소 서울시 용산구 효창원로 64길 6
전화 (02) 704-2521
팩스 (02) 715-3536
이메일 uibooks@uibooks.co.kr

ISBN 979-11-6322-002-2 03190
값 14,000원

* 이 도서의 국립중앙도서관 출판예정도서목록(CIP)은 서지정보유통지원시스템 홈페이지(http://seoji. nl.go.kr)와 국가자료공동목록시스템(http://www.nl.go.kr/kolisnet)에서 이용하실 수 있습니다. (CIP 제어번호: CIP2018017246)

야생에서 찾은 인생의 길잡이

동물에게 배우는
생존의 지혜

송태준 지음

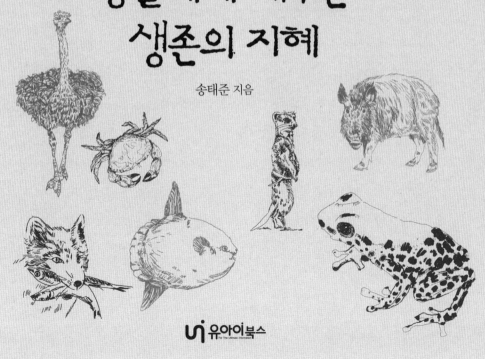

ui 유아이북스
The The Ultimate Informant

　지금으로부터 46억 년 전, 태양으로부터 떨어져 나온 큰 덩어리가 지구라는 어엿한 행성이 되었습니다. 그로부터 6억 년 후에는 원시의 바다로부터 최초의 생물이 등장하였지요. 시작은 세포가 하나밖에 없는 원핵생물이었지만 수많은 진화를 거쳐 육지로까지 진출하는 쾌거를 이루었습니다. 이에 질세라 후손들도 저마다 놀라운 적응력을 발휘하여 몸집을 달리하며 지구 각지에서 생명의 맥을 이어 나갔지요. 극심한 빙하기부터 소행성의 습격까지 모두 5번이나 있었던 대멸종의 위기 속에서도 강인하게 살아남아 왔답니다. 그렇게 줄곧 버텨온 덕분에 500만 년 전에는 인류의 조상이라고 할 수 있는 최초의 유인원이 모습을 드러내었지요. 꽤나 긴 시간이라고 생각될지 모르지만 이는 지구의 역사를 24시간으로 환산했을 때 불과 1분 34초에 지나지 않는 아주 짧은 시간이랍니다. 더군다나 현생 인류인 호모 사피엔스는 탄생한 지 2.8초밖에 되지 않았지요. 한마디로 지구에서 인간은 새내기 중의 새내기입니다. 지구 생활에 대해 아직은 낯설 따름이지요. 그렇기에 같은 하늘, 같은 땅에서 이미 수억 년을 앞서 살아온 이들의 노하우를 전수받는다면 큰 도움을 얻을 것입니다.

한 가지 걱정이라면 지구 생활에 잔뼈가 굵은 선배들이 너무나도 많다는 것인데요. 무엇보다 곤충들은 기록된 것만 해도 무려 80만 종에 달하는 터라 이 책에는 우선 곤충을 제외한 나머지 동물들의 이야기만을 담아 보았습니다. 조류, 파충류, 포유류, 양서류, 어류 그리고 곤충을 제외한 무척추동물 선배들이 전하는 128가지의 인생 조언들은 당신에게 더없는 인생의 지침서가 될 것이 분명합니다. 오랜 경험이 깃든 귀중한 노하우를 전수받으려면 환경을 소중히 여기며 선배들에게 잘 보여야 하겠지요?

동물 분류표

　지구상에 존재하는 수많은 동물들은(약 140만 종) 모두 일정한 기준들에 따라 체계적으로 구별됩니다. 크게는 등뼈(척추)를 기준으로 척추동물과 무척추동물로 분류되지요. 우리 인간들은 새끼를 낳아 젖을 먹여 기르는 포유류입니다. 다만 오리너구리와 같이 포유류인데도 알을 낳는 예외의 경우도 존재하지요. 부디 아래의 정리된 표를 참고하여 동물들에게 관심을 가지는 데 도움을 받았으면 합니다.

분류	척추의 유무	번식 형태	체온 변화	호흡 수단	특성
포유류	O	새끼	환경에 상관없이 일정함	폐로 호흡	젖을 먹여 새끼를 키움, 몸 전체가 털로 덮여 있음
조류	O	알	환경에 상관없이 일정함	폐로 호흡	몸이 깃털로 덮여 있고 날개가 있음
파충류	O	알	환경에 따라 변함	폐로 호흡	몸이 딱딱한 비늘로 덮여 있음
양서류	O	알	환경에 따라 변함	어릴 때는 아가미, 커서는 폐와 피부로 호흡	호흡 체계 덕분에 물과 육지에서 모두 생활함
어류	O	알	환경에 따라 변함	아가미로 호흡	몸이 비늘로 덮여 있고 지느러미가 있음

분류	척추의 유무	체절 (마디)의 유무	몸의 경도	입과 항문의 구별 여부	특성
절지동물	X	O	단단함	O	마디가 있는 다리가 있음
환형동물	X	O	연함	O	몸이 가늘고 긴 원통 모양임
완보동물	X	O	단단함	O	환경 적응력이 매우 뛰어남
극피동물	X	X	단단함	O	피부에 가시가 나있고 몸이 중심으로부터 대칭을 이룸
연체동물	X	X	다양함	O	종에 따라서 외투막이라는 단단한 껍데기가 있음
편형동물	X	X	연함	X	몸이 좌우로 대칭을 이루고 납작함
자포동물	X	X	연함	X	독성을 띠는 촉수가 있음
유즐동물	X	X	연함	X	암컷과 수컷의 특징을 모두 가지고 있는 자웅동체임
해면동물	X	X	연함	X	수많은 개체들이 하나의 덩어리를 이루어 살아감

CONTENTS

프롤로그 *4*
동물 분류표 *6*

지구 선배들의 가르침 1
유지경성
(有志竟成)

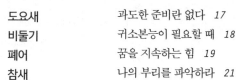

지구 선배들의 가르침 2

여세추이
(與世推移)

지구 선배들의 가르침 3

수적천석
(水滴穿石)

지구 선배들의 가르침 4

전화위복
(轉禍爲福)

지구 선배들의 가르침 5

고장난명
(孤掌難鳴)

지구 선배들의 가르침 6

화이부동
(和而不同)

지구 선배들의 가르침 7

안분지족
(安分知足)

지구 선배들의 가르침 1

유지경성
(有志竟成)

꿈이 있는 사람은 어찌 되었든
성공할 수밖에 없다.

과도한 준비란 없다

도요새 Snipe [조류]

추워질 즈음이면 도요새들은 겨울을 나기 위해 따뜻한 지방으로 이동합니다. 알래스카에서부터 호주와 뉴질랜드에 이르는 무려 12,000km의 먼 여행길에 오르지요. 도요새는 출발에 앞서 장거리 비행을 대비하기 위해 먹이들을 많이 비축합니다. 직접적인 섭취를 통해 몸에 저장을 해두는 것인데 이 과정에서 자신의 몸무게를 2배 가까이 불리게 되지요. 이렇게 먹는데도 불구하고 여정을 소화하고 나면 몸무게가 절반도 채 안 될 만큼 줄어듭니다.

도요새는 이같이 혹독한 여정을 이겨내기 위해 휴식을 적절히 이용합니다. 목적지로 가는 도중 약간 방향을 돌려 우리나라 서해안의 갯벌에서 쉬어 가기도 하지요. 나는 도중에도 체력을 아끼기 위해 가수면 상태에 접어든답니다.

이처럼 긴 시간과 노력이 필요한 목표를 달성하기 위해서는 그만한 준비를 반드시 갖춰야만 합니다. 도요새처럼 과하다 싶을 정도로 준비하는 것도 나쁘지 않으니 우선 최선을 다해 준비를 마치십시오. 그리고 목표가 바로 코앞에 있을지라도 조급해하지 말고 적절히 휴식도 취하면서 힘을 모아둘 필요가 있습니다. 힘이 모자라 코앞에서 결승선에 닿지 못하는 것만큼 끔찍한 일은 없으니까요.

#준비 #휴식 #끈기

귀소본능이 필요할 때
비둘기 Dove [조류]

비둘기는 가까운 공원에만 나가도 쉽게 볼 수 있습니다. 간식을 주는 사람들의 손길에 따라 이리저리 몰려서 움직이는 모습은 그들이 가진 놀라운 방향감각이 믿기지 않을 정도로 평범하기 그지없지요. 비둘기는 일명 '동물계의 내비게이션'이라고도 불립니다. 수천 킬로미터에 육박하는 거리를 비행하다가도 한 치의 오차 없이 출발지로 다시 되돌아가는 귀소본능은 지피에스(GPS)를 방불케 할 정도로 뛰어나지요. 이 엄청난 능력의 비밀은 바로 비둘기의 머리 부분에 있는 철 성분에 있습니다. 이 철 성분 덕분에 지구의 자기장에 민감하게 반응하여 목적지를 정확하게 찾아가는 것입니다. 물론 자기장뿐만 아니라

340도를 볼 수 있는 뛰어난 시각과 후각 능력도 길을 찾는 데 도움을 준답니다.

꿈을 좇아 이미 꽤 먼 여정을 달려온 이들이 있습니다. 다행히도 목표는 변함없지만 그 목표를 향하는 마음가짐이 예전 같지 않은 건 기분 탓일까요? 초심을 잃지 않으려고 마음을 다잡아 보지만 그 옛날의 혈기는 사라져버렸습니다. 바로 이럴 때 우리는 귀소본능을 발휘해야 합니다. 꿈을 향해 떠나기 전의 시작점으로 돌아가 봄으로써 목표가 가지는 진정한 의미를 다시금 되새겨 보는 것이지요. 안락했던 둥지를 떠나 첫 도약을 시작할 때 기꺼이 배웅해줬던 소중한 사람들을 다시 만나 심적인 위안을 받는 것도 좋습니다.

귀소본능은 절대 후퇴하는 것이 아닙니다. 더욱 세차게 날아오르기 위한 전진입니다.

#초심 #성찰 #방황

꿈을 지속하는 힘
폐어 Lungfish [어류]

고생대부터 줄곧 진화와 퇴화를 거듭하며 살아남은 물고기가 있습니다. 부레를 폐처럼 이용하여 물 밖에서도 숨을 쉴 수 있어서 '폐어(肺魚)'라고 부르지요. 아가미가 조금 퇴화하기는 했지만 폐어는 부레와

아가미를 번갈아 사용하며 육지와 물속에서 모두 호흡할 수 있습니다. 물이 마르는 건기에는 때때로 물을 찾아 지느러미로 기어 다니기도 하지요. 도저히 물을 찾을 수 없을 땐 진흙에 굴을 파고 여름잠을 잔답니다. 보통의 물고기라면 물이 마름과 동시에 유명을 달리했겠지만 폐어는 '대체 수단'을 마련한 덕분에 집요하게 생존을 합니다.

아무런 제약 없이 맘 놓고 꿈만 좇을 수 있다면 얼마나 좋을까요. 헤엄을 칠 만한 물, 다시 말해 기회만 충분하다면 얼마든지 우리가 원하는 곳에 다다를 텐데 말이지요. 하지만 우리의 현실은 항상 건기와 우기를 반복합니다. 때로는 지독하게 건기가 계속 되는 일도 발생하지요. 건기를 이겨내기 위해선 폐어와 같이 대체 수단을 반드시 가지고 있어야만 합니다. 여건이 나아질 때까지 버틸 수 있는 물질적, 정신적인 버팀목이 필요합니다. 이를테면 꿈을 이루기까지 생계를 유지할 만한 수입원과 힘들 때마다 아낌없는 응원을 제공해줄 수 있는 사람들을 말입니다. 이 같은 대체 수단이 있다면 어느 정도의 불운이 따르더라도 끝내 극복하고선 꿈에 다다를 수 있지요. 물론 꿈만 좇기에도 이미 벅찰 것입니다. 대체 수단을 마련하다보면 꿈을 향하는 속도가 느려지는 게 사실이지요. 다만 대체 수단을 마련하면 조금 더딜지라도 절대 뒤로는 가지 않을 수 있다는 걸 유념하면 좋겠습니다.

#대체수단 #꿈 #인내

나의 부리를 파악하라
참새 Sparrow [조류]

우리나라에서 가장 흔한 텃새이기도 한 참새. 참새는 여름엔 곤충을 주로 먹지만 가을에 추수할 시기만 되면 허수아비와 담판을 벌이며 온갖 곡식들을 먹어 치우기에 바쁩니다.

참새의 부리는 짧고도 두꺼운 편인지라 곤충이나 곡식을 쪼아 먹기에 아주 적합한 형태이지요. 혹여나 참새가 생선이 먹고 싶다고 한들 물고기를 삼킬 수 없는 짧은 몸뚱이와 작은 부리로는 도저히 불가능한 식사가 될 수밖에 없습니다. 안타깝지만 참새로서 받아들여야만 하는 현실인 것이죠.

자신이 아무리 하고 싶고, 되고 싶더라도 노력만으론 쟁취하기 힘든 것들이 세상엔 존재합니다. 그도 그럴 것이 종종 선천적인 재능과 선천적인 환경이 후천적인 모든 노력을 능가하는 힘을 보여주기 때문이지요. 이들과 경쟁하는 건 괜한 힘만 빼는 것이라는 사실을 우리는 부리가 닳아 없어지고 깃털이 다 빠져버린 후에야 알게 됩니다. 남은 건 오로지 자신의 환경에 대한 원망들뿐이지요.

도전은 삶을 의미 있게 만들어 주고 삶의 질을 끌어올려 주는 매우 중요한 역할을 합니다. 하지만 모든 도전이 이같이 숭고한 것은 아닙니다. 어느 정도 도전해 본 결과, 깃털이 빠지고 부리가 닳았다면 미련을 버리고 그만두어야 합니다. 그동안의 노력에 대한 보상은 귀중한 경험들로 돌려받은 셈 치고 이제는 남은 기회들을 소중히 사용하십시오. 부디 자신의 처지를 받아들이고 그에 맞는 최선의 삶을 영위하길 바랍니다.

#현실 #포기 #기회

날개가 달렸다고 달리지 못하는가
타조 Ostrich [조류]

타조는 가장 큰 새라는 칭호에 걸맞지 않게 평생을 땅에서만 생활합니다. 그도 그럴 것이 뼈가 무거워서 날기가 힘들뿐더러 날개마저도 퇴화되었기 때문인데요. 보통의 새라면 육상 생활에 매우 취약할 테지만 타조는 특별한 신체 구조 덕분에 문제없이 적응해 나간답니다. 다른 새들에 비해 월등히 긴 다리와 알찬 근육은 시속 90km로 달릴 수 있는 힘을 가지고 있으며, 두개골이 꽉 찰 만큼의 큰 눈은 약 20km 전방까지도 잘 볼 수 있답니다(인간의 시력 20배 정도인 시력 25에 해당). 더군다나 시야가 훤히 트인 작은 풀이 자라는 곳에 서식하는지라 천적이 오는 것을 빨리 눈치 챌 수 있어서 타조는 포식자에게 잡아먹힐 염려가 없다고 보아도 무방합니다. 새끼 타조를 제외하고는 말이죠.

조류가 가진 습성에 얽매여 날개를 버리지 못했더라면 타조는 날지도 달리지도 못하는 애매한 신세가 되었을지도 모릅니다. 자신의 특성을 일찌감치 깨닫고 과감히 날개보다 다리의 힘을 믿는 용기를 발휘했기에 지금의 타조가 있는 것이지요. 이처럼 당신도 사회적인 신분 혹은 관습에 구속되지 말고 본인만의 진정한 특성을 살리세요. 날지는 못하지만 달리기로는 세상에서 누구보다 빠른 새가 된 타조처럼 당신도 생각지 못했던 능력을 펼칠 수 있을 테니까요.

#고정관념 #관습 #진로

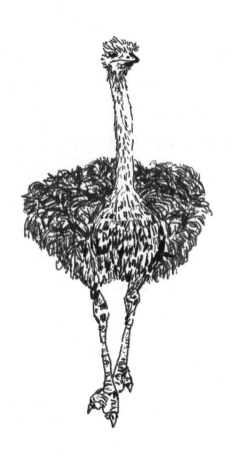

내가 좋아하는 간식은?
고양이 Cat [포유류]

고양이는 개와 함께 애완동물계에서 쌍벽을 이루는 동물입니다. 다만 고양이는 개와 달리 독립심이 강해 쉽사리 주인의 명령에 복종하려 들지 않는 성향이 있지요. 고양이를 훈련시키는 좋은 방법은 바로 먹이로 행동을 유도하는 것입니다. 고양이가 정해진 일을 제대로 수행하고 나면 간식을 줌으로써 보상 체계를 이해시키는 것이지요. 이는 점차 습관으로 굳어져 어느 순간부터는 주인의 별다른 도움 없이도 스스로 충분히 해낼 수 있게 됩니다.

반면 간섭받기 싫어하기로는 일등일 우리 인간들은 좋은 습관을 형성하기에 여간 까다로운 동물이 아닐 수 없습니다. 훈련이 꽤 힘들 것 같지만 가능성은 충분히 있지요. 고양이 훈련과 마찬가지로 정해진 일을 해낼 때마다 자신에게 일정한 보상을 주는 것입니다. 자신과의 약속에 보다 진지하게 임할 수 있도록 잘 지키지 못했을 경우에는 가벼운 벌칙을 정하는 것도 좋습니다.

한낱 보상에만 얽매여 사는 것 같아 자신이 초라하게 느껴지나요? 하지만 이렇게라도 하는 것이 습관을 들이려는 노력에 도움을 줄 수 있고, 보상에 따라 목적을 단계별로 일정하게 달성하게끔 도와줍니다.

보상을 정하는 것에 있어서도 많은 부담을 가질 필요는 없습니다. 그저 목표에 대한 해방감만이라도 충분히 느낄 수 있다면, 더불어 성취한 것에 대한 보람까지도 되짚어 볼 수 있다면 그것만으로도 이미 만족스러운 보상이 될 것입니다.

이렇게 하나둘씩 좋은 습관을 만들어 나가다 보면 머지않아 성실함으로 인정받는 사람이 될 것입니다. 마치 훈련을 잘 받은 고양이들처럼요. 갈수록 더 맛있어지는 간식(보람)은 덤이랍니다.

#동기부여 #습관 #훈련

눈 감아야 볼 수 있는 것
장님물고기 Blindfish [어류]

장님물고기의 눈은 아예 없거나 있더라도 아주 작은 크기로 존재합니다. 빛이 들어오지 않는 칠흑 같은 동굴 속에서 오랜 기간 지내다 보니 눈이 퇴화된 것인데요. 햇빛이 들지 않아 자외선에 노출될 위험도 없기 때문에 피부에 멜라닌 색소가 없어서 몸이 투명해 보인답니다. 마찬가지로 천적들에게도 모습이 잘 보이지 않으므로 보호색을 가질 필요가 없지요.

눈이 없는 장님물고기는 어떻게 먹이를 사냥할까요? 물고기에게는 몸통의 옆 부분에 옆줄이라는 감각 기관이 있어서 물의 압력과 진동, 흐르는 방향과 속도 등을 세세하게 느낄 수 있는데요. 장님물고기는 이러한 옆줄이 매우 민감하여 문제없이 사냥이 가능하다고 합니다. 몸 전체가 눈의 역할을 하는 셈입니다.

살면서 우리는 힘겨운 결정의 순간들을 만나게 됩니다. 대부분의 사람들은 객관적인 기준이 합리적이라는 생각을 가지고선 단지 몇 가지의 세속적인 가치들만 보고 결정을 내리지요. 하지만 이는 커다란 오산입니다. 객관적인 기준으로 판단을 내린다면 상대적으로 안전한 선택이 되겠지만 가장 중요한 기준은 자신에게 있습니다. 자신의 특성을 전혀 고려하지 않고 사회적인 기준에만 빗대어 판단해버리면 훗날 커다란 후회를 가져오기 십상입니다. 보이지 않는 내면을 통해 문제를 들여다볼 수 있어야 합니다. 세상의 기준에는 장님물고기처럼 눈을 감아 두어도 좋다는 것이지요.

#판단 #용기 #성찰

단점을 재능으로 바꾸는 방법
날치 Flying Fish [어류]

날아다니는 물고기를 본 적이 있으신가요? 그냥 튀어 오르는 것 말고 아예 날아다니는 물고기 말이에요. 이름하여 '날치'라는 물고기는 말 그대로 수면 위를 날 수 있습니다. 날치는 전속력으로 헤엄을 쳐서 수면 위로 떠오른 다음 양쪽의 가슴지느러미와 배지느러미를 활짝 펼쳐 천천히 활강하는 방식으로 비행을 합니다. 높게는 3m의 고도로 최장 수백 미터를 활강해 나갈 수 있는 놀라운 비행 능력을 가지고 있답니다. 이 정도면 거의 새에 가까운 능력인데요. 실제로 날치는 조류와 비슷한 골밀도를 가지고 있고, 내장기관 또한 다른 어류들에 비해 확연히 짧아서 비행하기에 최적화된 가벼운 몸 구조를 이루고 있습니다.

사실 날개처럼 너무 긴 지느러미는 헤엄치는 데 방해가 되는지라 날치에게 큰 단점으로 작용할 수 있습니다. 하지만 날치는 수면 위로 벗어남으로써 그 단점을 장점으로 승화시켰지요. 우리는 자신의 특별한 성격 혹은 재능들을 단편적인 시각에 의존하여 그 가치를 알아보지 못하고 묻혀두고는 합니다.

날치와 같이 한번 크게 용기 내어 새로운 환경으로의 도약을 해내다 보면 분명 재능에 적합한 환경을 찾게 될 것입니다. 부디 자신의 소중한 장점들이 퇴화를 시작하기 전에 서둘러 찾아 나서기를 바랍니다.

#잠재력 #극복 #도전

당신에게는 반전이 있다
앨버트로스 Albatros [조류]

일본어로 '아호도리', 다시 말해 '바보'라고 불리는 새, 앨버트로스. 무려 3미터에 달하는 커다란 날개를 가졌지만 육지에서는 뒤뚱거리며 그 날개를 질질 끌고 다닐 뿐입니다. 앨버트로스는 특수한 날개 구조 때문에 이착륙이 힘든 대신 한 번 바람을 타면 그 누구보다도 오래 날 수 있는데요. 어떤 앨버트로스는 새끼 때부터 여러 해 동안 한 번도 땅에 내리지 않는답니다. 이렇게 바람을 매우 잘 이용하는 앨버트로스지만 바람이 보통 거세지 않는 이상은 날아오르기가 힘든데요. 때문에 앨버트로스는 휘몰아치는 폭풍우를 위기가 아닌 기회로 받아들입니다. 강한 폭풍에 몸을 실어야만 앨버트로스는 비로소 날아오르지요. 이렇게 한 번 날아오르고 나면 바람을 능숙하게 이용하여 날갯짓 없이 며칠이고 하늘에 떠 있을 수 있지요.

당신이 뒤뚱거리며 노력하는 모습을 보고 사람들은 도와주지는 못할 망정 비웃기에 바쁠 것입니다. 하지만 신경 쓰지 마세요. 당신이 거센 바람을 타고 힘차게 날아오를 때 저들은 폭풍우가 두려운 나머지 쥐도 새도 모르게 숨어버릴 테니까요. 그러니 오로지 목표에만 전념하는 당신이 되기를 바랍니다. 더 멀리 더 높게 날기 위한 자신감만을 붙들고 기다려도 충분합니다.

#슬럼프 #기회 #인내

무명이 긴 이유
오카피 Okapi [포유류]

피그미족들 사이에서 오랫동안 전설로 여겨졌던 동물이 있습니다. 긴긴 세월 동안 은연중에만 기억되다가 19세기 말 유럽 열강들의 침략을 계기로 마침내 세상에 모습을 드러내었지요. '오카피'라고 불리는 이 동물은 과연 전설의 동물이라 불릴 만한 독특한 생김새를 가지고 있습니다. 기린의 뿔과 얼룩말의 몸을 가진 기이한 모습 때문에 동물학자들은 오카피의 종류를 구분하려고 꽤나 애를 먹었지요. 학자들은 이후로도 오랜 논쟁을 거친 뒤 결국 오카피는 말이 아닌 기린의 종류라는 판단을 내린 바 있습니다.

오카피가 발견되기 힘들었던 이유는 서식지 때문이었습니다. 콩고의 고산지대에 있는 깊은 열대우림에서만 사는지라 사람들의 발길이 닿기 힘들었지요. 열강 국가들이 아니었다면 아직까지도 전설로만 남았을지 모르는 일입니다. 이렇게 멋있는 동물을 전설로만 접하였다면 아쉬울 것 같네요.

오카피의 사례는 어쩌면 아직 주목받지 못한 당신에게 큰 의미를 가질 수도 있습니다. 당신이 진정 무능력해서가 아닌 세상이 특별한 당신을 발견하지 못했을 뿐이라는 믿음을 심어주지요.

세상은 무려 70억 명 속에 꼭꼭 숨어있는 당신을 아직 찾지 못했을 뿐입니다. 당신이 할 수 있는 최선은 인내심을 가지고 스스로를 알리는 데 힘쓰는 것이지요. 이 기나긴 숨바꼭질은 당신의 열정이 지는 순간 끝나게 되니 조심하세요.

#인내 #발견 #자신감

미련 버리기
도롱뇽 Salamander [양서류]

도롱뇽은 양서류이지만 언뜻 보면 도마뱀과 구분하기 힘들 정도로 닮아 있습니다. 위급할 때면 꼬리를 자르고 달아난다는 점까지도 말이지요. 다만 도롱뇽은 타의 추종을 불허하는 경이로운 재생능력을 가지고 있습니다. 물론 도마뱀도 잘린 꼬리가 다시 자라나지만 특히 도롱뇽 중 아홀로틀(axolotl)은 꼬리뿐만이 아닌 다른 장기들까지도 재생이 가능하지요.

누구든지 살면서 꼬리를 잡혀본 경험이 있을 것입니다.

주로 사람들과의 정 때문에 자신이 하고픈 일을 진행하는 데 있어 차질을 빚곤 하지요. '섭섭하다'는 그 한마디가 듣기 무서워 그들을 뿌리치고 혼자서 새로운 일을 시도해보기가 여간 힘든 것이 아닙니다. 하지만 이 점을 반드시 자각하십시오. 잘린 꼬리처럼 잠깐 끊어진 인간관계는 어떻게든 재생될 가능성이 있지만 도전에 대한 열망은 한 번 식으면 다시 달아오르기 힘들다는 것을요. 관계에 굴복하여 열정을 넘어 자신의 삶마저도 온전히 주변의 시선에 먹혀버리게 되면 주체적인 삶을 영위하기가 매우 힘들어집니다.

관계적인 억압 외에도 그동안 노력하여 마련한 안정적인 환경에 대한 미련이 꼬리를 잡기도 합니다. 적성에 맞지 않고 꿈과 동떨어진 직업은 삶의 질을 현저히 떨어뜨리는 주원인입니다. 기존의 직업 활동을 유지하면서 새로운 도전을 갈구하는 방안을 채택하는 것이 좋습니다. 수동적인 안정과 능동적인 열정 사이에서 후회 없는 선택을 하십시오.

#관계 #저항 #용기

블루오션을 찾아라
코알라 Koala [포유류]

캥거루처럼 아기 주머니가 달려 있고 나무늘보처럼 나무에 매달려 늘어지게 잠을 즐기기도 하는 이 동물은 호주의 마스코트 '코알라'입니다. 코알라는 하루에 무려 20~22시간을 자고 남는 시간은 먹는 데 할애하는데요. 장장 두서너 시간 동안을 오직 유칼립투스 잎만 가지고 지독하게 편식을 합니다. 이유는 서식지 주변에 유칼립투스 숲이 많이 분포되어 있어서 구하기가 용이하기 때문인데요. 또한 코알라는 유일하게 유칼립투스 잎의 독성분을 분해할 수 있는 효소를 가지고 있기도 해서 다른 동물들과 먹이를 가지고 경쟁할 필요도 없답니다. 다만 소화가 오래 걸리고 양에 비해 영양가가 그리 많지 않다는 단점이 있지요. 코알라는 긴 잠을 청함으로써 소화에 집중하고 열량을 아껴 이 문제를 해결합니다. 이렇듯 좋은 적응력 덕분에 코알라는 혼자서 3천 평이나 되는 땅을 차지할 수 있었지요.

　사람들에게 잘 알려지지 않아 경쟁이 약한 시장을 일명 '블루오션(Blue Ocean)'이라고 합니다. 잘 알려졌더라도 유칼립투스 잎처럼 다른 이들이 쉽게 접근하지 못하는 시장 또한 블루오션에 해당하지요. 블루오션에서는 같은 노력을 들이고도 레드오션(Red Ocean, 과잉 경쟁 시장)에서보다 훨씬 많은 성과를 거둘 수 있습니다. 노력이 물거품으로 돌아갈 위험도 레드오션보다 현저히 낮지요.

블루오션을 찾고 먼저 행동하는 퍼스트 무버(First Mover)가 되기 위해서는 남들과는 다른 섬세하고 예민한 감각이 필요합니다. 마치 코알라가 적당히 숙성된 잎만 먹기 위해 냄새만으로 잎의 나이를 판별해내는 것처럼 말이죠. 이러한 감각이 다소 빈약하더라도 특정 분야에 대한 전문성과 추진력만 받쳐준다면 다른 사람에 의해 발견된 블루오션을 쫓아가는 패스트 팔로워(Fast Follower)가 되는 것이 가능합니다.

무작정 새로운 것들을 찾아 떠나기보다는 그동안 등한시했던 분야들을 재조명하고 그에 맞게 자신의 능력을 재조합하는 것이 블루오션의 지름길일 것입니다.

#블루오션 #진로 #경쟁

속도보단 방향이 중요하다
돛새치 Sailfish [어류]

지느러미가 배의 돛 모양과 닮은 돛새치는 온 바다를 통틀어 가장 빠른 물고기입니다. 민첩한 몸놀림으로 뾰족한 주둥이를 이용하여 작은 물고기들을 사냥하지요. 바다에서 돛새치가 헤엄치는 속도는 육지에서 치타가 달리는 속도와 맞먹는 시속 110Km에 달한답니다. 몸길이 2.5m, 몸무게는 무려 60kg에 육박하는 커다란 몸집의 물고기가 그만한 속력으로 헤엄을 친다면 과연 방향 조절이 가능할지 의문인데요.

물론 이 문제는 지느러미가 해결해줍니다. 몸집에 비견할 만큼 커다란 지느러미가 물살의 방향을 잘 조절해주는 덕분에 문제없이 헤엄칠 수 있지요.

요즘 들어 그런 적 없으셨나요? 정신없이 일을 해치우고 나니 정작 엉뚱한 일이었다거나 다 끝난 줄로만 알았던 일이 사실은 한참 많이 남았던 경우 말입니다. 상황을 수습하려 해도 몰려오는 압박감과 피로 때문에 전의를 상실하게 되지요. 이는 본질적인 능력이 부족해서라기보단 성급한 태도가 불러온 참사라 보는 게 맞습니다. 실수를 막기 위해선 일을 시작하기에 앞서 목표를 치밀하게 계획하는 수고가 필요하지요. 일을 정리하는 과정에 있어 조금이라도 꺼림칙한 부분을 발견하면 돛새치처럼 예리하게 파고들어 사전에 문제를 처리해야 합니다. 그래야만 계획을 실행에 옮길 때 막힘없이 목표를 달성해 나갈 수 있습니다. 자신의 계획을 너무 신뢰하는 나머지 자만해져도 안 됩니다. 일에 변수가 생긴다면 언제라도 꼬리지느러미의 힘을 빼고 속도를 줄여야 합니다. 그런 다음 다른 지느러미들에 힘을 분배하여 물살을 이겨내고 올바르게 방향을 다잡도록 총력을 기울여야 합니다.

돛새치보다 덩치가 큰 물고기들은 헤아릴 수 없이 많습니다. 그럼에도 돛새치가 가장 빠른 이유는 저항 없이 변화에 적응하는 유연한 몸매와 저지른 실수를 빠른 추진력으로 만회하는 덕분이지요. 그 누구라도 이 같은 성질을 고루 갖춘다면 어느 누구도 쉽게 따라오지 못할 만큼의 능률을 올릴 수 있을 것입니다.

#계획 #목표 #실수

수많은 추진력은 곧 지구력이다
치타 Cheetah [포유류]

치타는 지구상에서 으뜸가는 단거리 육상 선수입니다.

오직 속도를 위해 우람한 몸집을 포기한 결과, 3초 만에 시속 100km를 내며 최고 속력은 시속 110km에 달하게 되었지요. 다만 지구력이 약해 짧은 시간 동안만 달릴 수 있고 달린 뒤에도 즉시 쉬어주어야만 합니다. 몸에서 나는 엄청난 열로 인한 장기 손상의 위험을 막기 위해서지요. 때문에 치타는 먹잇감에게 조심스레 접근하여 달리는 거리를 최대한 줄이기 위해 노력합니다.

아무리 절호의 기회라 할지라도 무작정 달려드는 것은 삼가야 합니다. 치타의 모습처럼 자신이 가진 추진력과 지구력이 목표에 합당한지부터 신중하게 검토해볼 필요가 있지요. 쉬운 기회라고 생각되지 않는다면 조심스럽게 다가가 분석을 해보아야 합니다. 자신의 진짜 능력은 열정의 불길에 가려져 보이기에 충분한 판단을 거친 뒤 행동에 임하여야 합니다.

치타는 달리기의 명수임에도 사냥을 성공하는 확률이 그리 높지 않습니다. 절반에도 한참 미치지 못하지요. 이마저도 다른 맹수들에 의해 일정 부분을 빼앗긴답니다. 뺏길 것을 미리 알고서 먹이의 살점만을 조금씩 떼어먹는 모습을 보이기도 하지요. 이처럼 기회에 도전하기 전에 미리 실패할 가능성을 염두에 두고 있어야 합니다. 그래야만 마음을 추스르고 다음 기회를 좇기가 수월해집니다.

치타는 새끼 시절에 다른 맹수들에게 90% 정도가 목숨을 잃습니다. 태어날 때부터 삶의 기회를 90%나 잃고, 먹이 사냥은 반을 넘게 실패하며 사냥한 먹이마저도 상당 부분 빼앗기는 치타이지요. 하지만 언제 그랬냐는 듯이 미련을 훌훌 털어버리고 매일같이 초원을 가르는 치타의 모습은 우리에게 적잖은 위안을 가져다준답니다. 비록 지구력이 약하다고 해서 좌절하지 마세요. 수많은 추진력이 모이다보면 그것은 곧 지구력과도 같으니까요.

#기회 #실패 #끈기 #추진력

시야를 넓히는 방법
독수리 Eagle [조류]

독수리의 '독(禿)'은 대머리라는 뜻을 가지고 있습니다. 다름이 아니라 실제로 독수리의 머리 부분에는 털이 없는데요. 이는 깃털 손상에 의한 세균 감염을 막고 기온 변화에도 적응하기 위함이랍니다. 독수리는 대머리라는 외양보다는 엄청난 시야로 그 명성이 자자한데요. 독수리는 먹잇감을 직접 사냥하기보다는 동물의 사체를 찾아 먹는 습성 때문에 활동 반경이 매우 넓어야만 합니다. 수천 미터 상공까지 날아오를 수 있는 비행 실력과 5,000미터 상공에서도 먹잇감을 정확히 파악할 수 있는 시력은 숨겨진 사체를 찾는 데 최적화되어 있지요.

다양한 기회를 포착하기 위해서는 두루두루 넓은 시야를 가져야만 합니다. 이미 시야가 한정되어 있는 일상의 틀 속에서는 아무리 주위를 둘러봐도 소용이 없습니다. 독수리처럼 고도를 가리지 않고 시야를 넓게 확보해야만 새로운 삶의 기회를 잡을 수 있지요. 속는 셈 치고 조금만 날갯짓을 해보면 우리 주변에 꽤 많은 가능성들이 있음을 알게 될 것입니다.

기회를 포착하는 것만큼이나 기회를 쟁취하는 것도 중요합니다. 독수리는 먹잇감을 발견하면 원을 그리며 천천히 활강하는 모습을 보이곤 합니다. 이는 새로운 기회를 향해 나아가는 이들에게 중요한 본보기가 되어 주지요. 자신의 페이스를 잃지 않고 침착하게 나아가야만 성공률을 높일 수 있다는 교훈을 전해줍니다. 과연 하늘의 제왕다운

노련함이 아닐 수 없네요.

#시야 #기회 #변화 #성공

작은 기회라도 얻는 법
하이에나 Hyena [포유류]

얌체 같은 동물을 논하자면 몇 손가락 안에 손꼽히는 하이에나는 사실 대부분의 먹이를 직접 사냥합니다. 물론 아프리카의 청소부라는 별명도 있듯이 사체를 처리하는 것도 하이에나의 주된 업무이지요. 강한 턱 힘과 엄청난 소화 능력 덕분에 어떠한 사체라도 문제없이 처리할 수 있답니다. 뼈마저도 남김없이 깔끔하게 먹어치운다고 하지요.

또한 하이에나는 무리 생활을 하면서도 무력으로 사냥감을 억지로 빼앗지는 않습니다. 사냥을 먼저 한 동물이 어느 정도 섭취를 할 때까지 가만히 기다려주지요. 심지어는 약한 동물들에게 양보를 하는 여유를 보여주기도 합니다. 어찌 보면 이 같은 습성은 하이에나가 다른 맹수들과 공존하는 특별한 생존 비결인 것 같네요.

하이에나와 반대되게 우리는 인생에 있어 매번 커다란 기회만을 바라곤 합니다. 그동안 당신이 뿌리쳤던 기회들을 모아보면 진정 원하는 크기의 기회를 이미 압도했을 수도 있지요. 당신이 운 좋게 기회를 잡았다고 해도 이를 효과적으로 사용할 수 있는 역량이 모자란다면 아무리 큰 기회라도 소용이 없습니다. 그렇기에 작은 기회라도 차곡차곡 쌓아 나가며 자신의 역량도 함께 키워 나가는 것이 현명한 방법이지요. 되도록 좋은 기회를 만나기 위해서는 먼저 그 분야에 있어 뛰어난 이들을 자주 접해야만 합니다. 숙련된 정도에 따라 보이는 기회가 천차만별인지라 좋은 동반자들과 함께하는 것만으로도 수많은 기회들을 포착할 수 있지요. 좋은 기회를 찾았다면 이제는 하이에나와 같은 뛰어난 소화력을 발휘하여 자신의 것으로 만들어야 합니다.

이처럼 훌륭한 인적 네트워크와 뛰어난 역량이 조화를 이루면 작은 기회로도 얼마든지 커다란 성과를 낳을 수 있을 것입니다.

#기회 #배려 #공생

절호의 기회

코끼리 Elephant [포유류]

육상동물들을 통틀어 제일 장대한 덩치를 소유한 코끼리는 이에 못지않게 엄청난 식사량을 자랑합니다. 진정한 코끼리의 천적은 사나운 맹수들이 아닌 배고픔이라고 말할 수 있지요. 이 때문에 어금니가 닳아버린 늙은 코끼리들은 음식을 먹을 수 없어 굶어 죽는 일이 빈번하답니다. 코끼리는 매일같이 100kg이 넘는 식물을 닥치는 대로 먹어치워야만 하니까요. 물론 많이 먹는다고 해서 소화력이 좋은 것은 아님니다. 먹이의 40%만 소화하고 나머진 그대로 배출시키지요. 하루에 16번이나 똥을 싸는데, 그 속에 섬유질과 영양분이 많이 남아 있어 곤충과 식물들을 비롯해 주변 생태계에 아주 이로운 영향을 미친답니다. 많은 양을 소화시키면서 생기는 체열도 상당한지라 넓은 귀로 부채질을 하거나 코로 물을 뿌려 몸을 식히는 모습도 자주 볼 수 있지요.

젊었을 때의 고생은 사서도 한다는 말이 있습니다. 젊음과 같이 어떠한 조건이 될 때 기회를 붙잡아야 후환이 없다는 의미랍니다. 우리의 열정과 젊음은 세상을 살아가는 와중에 이리 치이고 저리 치이며 닳아 없어지기 마련입니다. 마치 코끼리의 어금니처럼 말이지요. 늙은 코끼리의 식욕처럼 때늦은 목표는 끔찍한 무력감만을 불러올 뿐입니다. 물론 조건에 구애받지 않고 의지만으로 실현 가능한 목표도 있지만 절대적으로 젊음에 국한된 기회들도 적지 않습니다. 신체적인 건강함이 받쳐주어야만 하는 다양한 스포츠들을 비롯하여 순전히 젊은 날의 호기심과 패기가 아니고서는 도전할 수 없는 수많은 일들이 바로 그것이지요.

나이가 드는 것이 문제가 되는 이유는, 신체 능력도 저하되지만 무엇보다 자신의 갈망을 충족하기 위해 필요한 '패기'가 시들해지기 때문입니다. 이는 가장(家長)들이 흔히 처하는 상황과도 비슷합니다. 가족들만 바라보며 쉼 없이 살아왔기에 지치기도 했지만 여태껏 자신을 위해 살아본 경험이 드물은지라 꿈 앞에서 한없이 주저하지요.

꿈을 이루기에 절호의 시기라 함은, 당신의 못다한 꿈이 아른거리고 심장이 두근거리는 순간입니다. 부디 남은 삶을 후회가 갉아먹도록 내버려두지 마세요. 노력이 모두 성과로 이어지지 않아도, 결과가 기대에 반조차 미치지 못하더라도 코끼리가 풀을 먹듯이 우직하게 노력하세요. 꿈을 향해 노력하다 보면 그 실패조차도 도움이 될 것입니다.

#열정 #기회 #꿈

젊음의 비결
홍해파리 Immortal jellyfish [자포동물]

1994년 이탈리아의 한 교수는 연구 중이던 홍해파리들이 수조 속에 오랜 시간 방치되어 있었단 사실을 알아차리고는 뒤늦게 수조 안을 들여다보았습니다. 수조 속에서 일어난 일들을 목격한 교수는 놀라움을 금치 못했는데요. 홍해파리의 시체로 가득 차 있을 것으로 예상했던 수조 안은 다름 아닌 어린 해파리들로 붐비고 있었기 때문입니다. 교수는 이후로 5년 동안 추가적으로 연구하여 보다 확실히 결과를 증명해냈습니다. 연구 결과인즉슨 홍해파리는 자신의 수명이 다하기 직전에 몸을 뒤집어 번데기와 같은 모습으로 변화한다는 것입니다. 그 안에서 끊임없이 세포를 형성하여 홍해파리는 이틀 이내에 어릴 적의 모습으로 돌아가지요. 이러한 홍해파리의 신비한 능력은 정말 놀라울 따름입니다. 홍해파리의 특성에 대한 연구를 통해 인류가 그토록 고대하던 불로장생의 비밀이 조금이나마 밝혀지게 될 것을 기대하게 되었습니다.

다만 우리는 삶에 있어 신체적인 노화보다 중요한 것이 바로 정신적인 노화라는 점을 염두에 둬야 합니다. 물론 신체적인 노화를 무시할 수는 없지만 나이가 들었다고 해서 젊고 활기찬 삶을 유지하지 못한다는 법은 없으니까요. 매체를 통해 드물게 소개되는 몸짱 어르신들을 생각해보면 오히려 정신적인 젊음이 신체적인 노화를 초월하는 듯한 느낌마저도 받습니다. 건강 비법을 묻는 수많은 질문들에 어르신들은 하나같이 대답합니다. 모든 것에 '정해진 시기'는 없다고 말이지요. 나이에 개의치 않고 매번 새로운 것을 시도하려는 한편, 젊었을 때의 사고방식과 생활방식을 유지하려고 애쓰는 노력들이 정신적인 젊음은 물론이고 신체적인 노화까지 늦춘다는 것이 수없이 증명된 셈입니다.

홍해파리는 늙지 않을 뿐이지 불사의 존재는 아닙니다. 수온이 바뀌거나 포식자에게 잡아먹히게 되면 어쩔 수 없이 죽음을 맞이하게 되지요. 우리는 인생의 어느 지점에서 더 이상 열정이 타오르지 않는 경우를 맞게 되기도 합니다. '이 나이에 뭘…' 하면서 새로운 일을 시작하기를 주저하거나, 나이를 비롯한 수많은 제약적인 관념들에 굴복하지 마세요. 남은 삶을 어떻게 사느냐는 정신적인 젊음을 유지하는 당신의 열정에 달려 있으니까요.

#세월 #열정 #도전

절박함은 중요한 삶의 원동력이다
뒤쥐 Shrew [포유류]

높은 삼림지대에 사는 뒤쥐는 험난한 환경에 적응하기 위해 살벌한 일정을 소화합니다. 자신의 몸무게에 조금 못 미치는 엄청난 양의 먹이를 3시간마다 해치우지요. 이 때문에 심박수가 무려 분당 1000회까지 치솟을 만큼 열심히 먹이를 찾아다닙니다.

뒤쥐와 같이 항상 몸의 온도가 유지되는 동물을 정온동물이라고 합니다. 변온동물보다 에너지 소모가 많은 대신, 강인한 지구력을 바탕으로 하는 뛰어난 활동성을 가졌지요. 인간인 우리도 정온동물의 특성에 따른 이점들을 누리며 살아간답니다. 하지만 이러한 특성들이 도리어 삶의 질을 저해하는 원인이 되기도 합니다. 열원이 없으면 활동이 둔해지는 변온동물과 달리 우리는 열이 발산되지 않는, 열정이 샘솟지 않는 환경에도 문제없이 적응할 수가 있기 때문입니다. 흥미가 일지 않아도 충분한 열량만 있다면 살아가는 것이 가능하지요. 이러한 능력은 우리가 현실에 순응하며 자신의 이상과 동떨어진 삶을 살도록 도와줍니다.

하지만 정온동물 중에서도 뒤쥐는 매 순간 죽음과의 사투를 벌입니다. 온전히 자신만의 목표를 좇지 않을 경우 몇 시간 만에 사망에 이르지요. 하지만 그 절박함 덕분에 뒤쥐는 머뭇거리지 않고 온전히 자신의 목표만을 바라보며 삶을 살아갑니다. 우리의 삶도 마찬가지입니다. 자신만의 뚜렷한 목적이 없어지면 더불어 삶에 생기도 사라지는 법입니다. 부디 객체적인 삶을 두려워하고 삶의 주인이 되세요. 당신의 심장이 가장 뛰었던 적은 언제였나요? 기억이 난다면 주저 말고 가슴이 뛰고 열정이 샘솟는 일들을 좇길 바랍니다.

#과로 #적응 #열정

지피지기면 백전백승이다

몽구스 Mongoose [포유류]

코브라에게 천적이 있다면 당연히 독에 면역을 가졌거나 독이 크게 영향을 주지 못할 정도의 커다란 몸집을 가진 동물일 것입니다. 그래서 몽구스가 코브라의 1순위 천적이라는 사실은 우리에게 적잖은 충격을 안겨줍니다. 독에 완벽히 면역이 있지도 않을뿐더러 몸집마저 작은 몽구스는 어떻게 코브라를 사냥할 수 있는 걸까요? 놀랍게도 몽구스는 코브라의 공격 패턴을 파악한다고 합니다. 코브라의 공격 패턴은 생각보다 단순하기 짝이 없어서 몽구스가 조금만 순발력을 발휘하면 싸움에 우위를 점할 수 있지요. 몽구스는 털을 곤두세움으로써 코브라에게 자신의 몸집을 커 보이게 합니다. 이는 코브라의 거리 감각에 착오를 불러일으키는 한편 털에 막혀 코브라의 송곳니가 잘 박히지 않는다는 장점이 있지요. 코브라를 이렇게나 자세히 아는 덕분에 몽구스는 무려 70~90%의 승률을 달성하는 것이겠지요.

지피지기면 백전백승이라고 합니다. 적을 알고 나를 알면 백 번을 싸워도 모두 이길 수 있다는 뜻이지요. 몽구스가 독사를 사냥하러 나서는 것 같이 한 번의 실패도 용납하지 않는 경쟁일수록 준비에 만전을 기해야 합니다. 당신이 독에 대한 면역이 없고 몸집이 작다고 해서 움츠러들지 마십시오. 가진 것이 적어 몸집이 작을수록 변화에 대응하는 순발력이 좋으므로 충분히 승산이 있으니까요.

#긍정 #경쟁 #준비

착각의 뿔

코뿔소 Rhino [포유류]

크기로 치자면 둘째가라면 서러울 큰 덩치와 무엇보다도 늠름한 뿔을 가진 코뿔소는 다만 시력이 안 좋은 것이 흠입니다. 하지만 코뿔소는 청각과 후각이 발달하여 눈의 역할을 대신해 주고 있는데요. 덕분에 코뿔소는 위기에 봉착했을 때 비록 앞이 잘 안 보이더라도 무난하게 대처할 수 있답니다.

우리는 살아가면서 정말 다양한 장애물들을 맞닥뜨립니다. 개인적인 도전에서 비롯된 문제들부터 이와 관련된 사회적인 문제들까지 말이죠. 사회의 초심자일수록 이러한 문제를 보이는 겉모습에만 의존하여 섣부른 판단을 내리고 무모하게 덤벼들기 일쑤입니다. 이러한 무모한 도전의 배경에는 크게 두 가지의 문제가 있습니다.

첫 번째는 도전을 앞두고 느껴지는 엄청난 강박관념들입니다. 이러한 강박관념은 실패의 원인이 자신의 능력이나 환경의 문제에 있지 않고 단지 용기의 부족 때문이라는 합리화를 시켜 가차 없이 도전에 뛰어들게끔 하지요. 도전에 앞서 겪게 되는 충동적인 마음들을 이겨내기 위해선 자신에게 있어 도전이 갖는 의미와 그에 따른 결과들에 순응할 수 있는지 차분히 고심을 해볼 필요가 있습니다.

다음은 남들이 보기에는 마냥 귀여워만 보이는 뿔(능력)이 본인에게는 엄청난 무기로 보이는 상황입니다. 자신에 대한 신뢰감이 지나친 나머지 눈앞에 있는 자신의 뿔이 남들보다 대단하게 여겨지는 것이지요. 객관적으로 보이는 문제가 자신에게는 보이지 않는다면 자신이 이기적인 시각을 갖고 있음을 인정해야 합니다. 그리고 나선 믿을만한 이들의 도움을 구하거나 무수한 자료 조사를 거치며 스스로 문제를 바로 볼 수 있도록 노력해야 합니다.

#조바심 #자만 #겸손

기본기 훈련법

개미핥기 Ant eater [포유류]

개미핥기는 눈도 나쁘고 귀도 잘 안 들리지만 예민한 후각에 집중하여 먹이를 잘 찾아내어 개미들에겐 '저승사자'로 군림합니다. 개미집을 발견하게 되면 발가락으로 개미집을 후빈 뒤 길고 끈적끈적한 혀를 이용해 개미들을 핥아먹지요. 놀랍게도 이러한 개미핥기의 생김새는 개미핥기가 처음 지구상에 모습을 드러낸 뒤로부터 별다른 변화를 거치지 않았다고 합니다. 이유는 바로 개미핥기의 먹이인 개미들이 진화하지 않았기 때문인데요. 덕분에 개미핥기는 개미를 섭취하는 데 최적화된 생김새를 유지하면서 오랜 세월 동안 야생에서 생존할 수 있었답니다.

구르는 돌에는 이끼가 끼지 않는다는 말이 있습니다. 학업이나 직업을 영위하는 데 있어서 지나치게 분야를 옮겨 다니다 보면 축적된 '경험'과 같은 '이끼'가 생기기 힘들다는 뜻이지요. 살다 보면 지금 하는 일보다 더 좋은 조건의 일들이 계속 눈에 밟히기 마련입니다. 그렇지만 너무 많이 옮겨 다니게 되면 직업적인 숙련도는 항상 제자리에 머물뿐더러 경제적인 면에서도 만만치 않은 손해를 감당해야 합니다.

자신에게 맞는 천직을 찾아 모험을 떠나는 것은 필수적인 인생의 과업이지만 그전에 최소한의 기본기를 다져야 합니다. 직업과 관련한 배경지식과 필요한 인성 및 능력들을 함양해야 하지요. 이 같은 의미에서 개미핥기는 기본기가 충실한 동물이라고 말할 수 있습니다. 먹이가 숨어있는 장소와 시간대, 사냥법 등을 터득하였기에 하루에 3만 마리 정도의 수많은 개미를 부지런히 찾아 먹으며 목숨을 부지해 나갈 수 있는 것이지요. 개미핥기는 그래서 이름부터 개미를 먹는 데 달인인 '개미핥기'일 테지요.

순탄치 않고 힘든 일들도 계속해서 매진하다 보면 언젠가는 능숙해집니다. 기본이 갖추어지고 세월이 쌓이면 고수가 되는 길이 보일 테니 부디 굳세게 나아가십시오.

#경험 #끈기 #인내

홀로서기
무덤새 Mound bird [조류]

무덤새는 이름같이 커다란 무덤 형태의 둥지를 만드는 새입니다. 모래로 만든 틀 안에 알을 낳은 뒤, 그 위에 나뭇잎, 나뭇가지를 덮어서 습기를 보존시키지요. 이것들이 부패하면서 열을 내기 시작하는데 이는 알을 부화시키는 데 중요한 역할을 합니다. 무덤새는 보통의 새들과 달리 지열(地熱)을 이용하여 알을 부화시키지요. 수컷은 둥지 주변을 맴돌며 수시로 온도를 확인하고 흙으로 온도를 조절합니다. 그렇게 몇 달간의 노력 끝에 부화한 새끼는 스스로 흙을 파헤치고 세상에 나오지요. 너무나도 황당한 것은, 새끼가 부모의 품에 안기기는커녕 부모를 피해 냅다 줄행랑을 친다는 것입니다. 이는 안타깝게도 부모가 자신의 새끼를 알아보지 못하는 바람에 적으로 오해하고 공격하기 때문이라고 하네요.

그렇게 부모 품을 떠나온 새끼는 1시간 만에 달리고 24시간 만에 나는 법을 터득하는 엄청난 독립성을 발휘하여 야생에 적응합니다. 부모의 빈자리가 전혀 느껴지지 않을 정도로 말입니다.

제게 가장 강렬하게 남았던 독립적인 순간은 아마 어렸을 적에 자전거를 처음 배울 때가 아니었나 싶습니다. 뒤에서 밀어 주는 누군가가 있는 덕분에 무섭지만 비틀거리며 조금씩 나아갈 수 있었지요. 하지만 자전거는 일정 속력이 나기 전까지 중심을 잡기가 힘든 구조를 이루고 있습니다. 밀어 주는 것만으로는 필요한 속력에 도달할 수가 없지요. 넘어짐을 불사하고 용기 내어 페달을 밟아야만 자전거를 타는 것이 가능해집니다. 밀어 주는 이를 떨쳐버릴 만큼 아주 힘차게 말이에요.

연습을 거듭할수록 넘어지는 빈도가 점점 줄어드는 것이 느껴집니다. 많은 시행착오를 거치면서 어느 정도 중심을 잡는데 성공하고 나면 달리는 것은 식은 죽 먹기지요.

처음 자전거를 탈 때는 스치는 바람이며 앞을 지나가는 축구공까지 모든 것이 위험하게만 보입니다. 혹여나 밀어 주는 이가 손을 떼진 않을까 수시로 뒤를 돌아보곤 하지요. 하지만 걱정하지 마세요. 공원을 달리는 모두가 그와 같은 과정을 거쳤답니다.

#독립 #용기 #적응

한결 무난한 여정이 되려면

하늘을 날기 위해선 갖추어야만 하는 것들이 꽤나 많습니다. 가벼우면서도 튼튼한 골격과 강한 근육을 비롯해 깃털이 촘촘히 박힌 날개까지 하나라도 빠져서는 안 되지요. 무엇보다 새는 '기낭(氣囊)'이라는 특수한 공기주머니를 가지고 있습니다. 기낭은 새의 폐에 연결되어 훨씬 많은 양의 산소를 보다 효과적으로 흡수할 수 있게 도와주는 기관이지요. 공기를 많이 머금을수록 몸이 가벼워지므로 비행에 용이하답니다. 얼마 전에는 일부 공룡에게도 기낭이 있었다는 사실이 밝혀지면서 조류가 오랜 시간 동안 살아남은 공룡의 후손임을 확인시켜 주었지요.

새는 기낭을 통해 더 많이 공기를 품어 수월하게 비행을 합니다. 우리가 꿈을 향해 비행하는 데 있어서도 당찬 포부를 품으면 한결 무난한 여정이 될 것입니다. 꿈에 대한 포부가 크면 클수록 역경은 자그마해 보일 테니까요.

지구 선배들의 가르침 2

여세추이
(與世推移)

생존에 있어 변화는 선택이 아닌 필수다.

결합은 또 다른 창조다

오리너구리 Platypus [포유류]

학자들은 한때 오리너구리의 존재 자체를 부정했다고도 합니다. 수달의 몸에 오리의 주둥이와 물갈퀴, 비버의 꼬리가 달려 있는 생김새를 눈으로 직접 보기 전까진 말이지요. 독특한 생김새의 오리너구리는 포유류 중에도 단공류에 속합니다. 단공류는 포유류이면서도 알을 낳으며 젖꼭지와 배꼽이 없는 것이 특징이지요. 젖꼭지가 없어도 오리너구리 새끼는 어미의 피부에 스며나오는 젖을 열심히 핥아먹고 자랍니다.

오리너구리의 특기는 넓적한 주둥이를 이용한 먹이 사냥입니다. 말랑말랑한 주둥이에는 이빨 대신에 전기 수용체가 있어서 먹이로부터 나오는 미세한 전류를 감지할 수 있지요. 심지어는 주둥이를 제외한 나머지 감각들의 도움 없이도 성공적인 사냥이 가능하답니다. 그리고 오리너구리 수컷의 경우엔 독이 분비되는 날카로운 발톱을 가지고 있어 충분히 위협적이지요.

오리너구리에 대한 한 가지 놀라운 사실은 바로 위가 없다는 것입니다. 위가 없이 식도와 창자가 바로 연결되어 있는데 이는 오리너구리가 복잡한 소화를 요구하지 않는 먹이만을 섭취하기에 가능한 구조이지요.

어떤 문제를 해결하는 데 있어 한 가지 방법으로는 도무지 해답이 나타나지 않을 때는 오리너구리처럼 다양한 특성들을 골라서 한데 섞어보세요. 다소 산만해 보일지라도 그 진가들이 잘 어우러짐으로써 탁월한 효과를 보일 것입니다. 오리너구리를 처음 접했던 과거의 학자들처럼 부정적인 시선으로 보는 이들이 있더라도 결과로 증명해내십시오. 혁신적인 일을 이뤄내기 위해서는 고정관념을 깨는 일부터 해야 하니까요.

#혁신 #재결합 #고정관념

느리지만 더 강력한 독

독화살개구리 Poison frog [양서류]

손톱만큼 작은 몸집이지만 화려한 경계색으로 정글에서 무시 못 할 존재감을 드러내는 독화살개구리. 특유의 맹독성을 가지고 있어 인디언들은 독화살개구리의 피부로부터 독을 채취하여 독화살을 만듭니다. 흥미로운 사실은 독화살개구리의 독은 체내에서 생성된 것이 아니라는 점입니다. 이는 독화살개구리가 독성을 가진 곤충들이나 독초를 섭취하여 모은 것이지요.

그렇다면 독화살개구리는 어떻게 자신의 독에 중독되지 않을 수 있는 걸까요? 비밀은 체내에 있는 특수한 성분에 있다고 합니다. 독과 결합하여 중화시키는 역할을 하는 성분 덕분에 자신은 독으로부터 안전하지요.

단순히 발음이 비슷하다는 것 외에도 '독'과 '돈'은 제법 닮은 점이 많다고 생각합니다. 돈도 마찬가지로 '다른 이'들로부터 경제 활동 등을 통해 얻어 내는 것이고, 집착이 심해지면 우리의 이성을 마비시키기도 하기 때문이지요. 독보다는 느리게 퍼지지만 더 강력하게 우리의 소중한 가치들을 파괴시키는 것이 가능합니다. 따라서 우리는 독화살개구리의 특수 성분처럼 돈의 사용을 제어할 수 있는 장치가 필요합니다. 먼저 돈을 소비하는 데 있어 절제하는 습관을 들여야 합니다. 매번 소비 계획을 수립하는 번거로움쯤은 감수해야 하지요. 계획에 어긋난 소비를 막기 위해선 필요한 만큼만 돈을 들고 다니거나 되도록이면 많은 사람과 함께 구매를 진행하는 것이 충동적 소비의 유혹을 막는 데 도움이 됩니다.

다음으로 보상 심리에 빠져들지 않도록 조심해야 합니다. 주로 사행성이 짙은 도박 등의 분야에서 보상 심리가 크게 작용하는데요. 자신이 이미 감당할 수 없는 상태에 도달했다면 잃은 것보다 아직 잃을 것이 더 많음을 자각하고, 상담 시설의 도움을 받아서라도 중독에서 벗어나야 합니다.

독을 잘 쓰면 병을 낫게 하는 특효약이 되듯이, 돈을 현명하게 사용한다면 당신의 삶이 매우 풍요로워질 것입니다.

#절제 #보상 심리 #판단

도토리 관리하기
다람쥐 Squirrel [포유류]

다람쥐는 매년 겨울을 나기 위해 도토리를 모아 식량 창고에 저장을 해둡니다. 하지만 그 수가 워낙 많아서인지 좀처럼 도토리를 전부 찾아 먹지 못하지요. 이렇게 다람쥐가 꺼내 먹지 못한 도토리들은 그대로 새싹이 돋아 나무로 자란다고 합니다. 다람쥐의 건망증이 숲을 키우는 셈이죠.

이러한 건망증을 제외하고 다람쥐에게 배울 점이 분명히 있습니다. 바로 미래를 위해 무엇인가를 꾸준히 저축하는 습관이지요. 제아무리 적은 돈이라도 매번 자연스레 저축으로 이어지다 보면 큰 숲은 아니더라도 최소한의 비상식량이 될 수 있으니까요. 은행 시스템을 잘만 이용한다면 종잣돈을 모아 작은 숲을 이루는 것도 어렵지 않습니다.

　다만 무조건적인 저축은 때론 해가 됩니다. 예컨대 온 가족이 함께 떠나는 가족여행이나 젊은 날에 가지는 배낭여행의 추억을 놓쳐버리는 경우이지요. 또한 주변인의 경제적 고통을 아예 외면함으로써 돈보다도 소중한 인연을 저버리는 것처럼 무작정 돈을 움켜쥐고 있음으로 해서 정작 인생의 중요한 가치가 파산 지경에 이를 수도 있습니다. 마치 다람쥐가 도토리를 볼주머니가 터질세라 욱여넣듯이 과도한 저축은 바람직하지 않답니다. 필요할 때 도토리 한두 개쯤은 꺼내어 먹는 융통성을 가지고 소비와 저축의 균형을 이루면 분명 미래에 큰 덕을 볼 것입니다.

#저축 #습관 #융통성

등 푸른 생선의 비애
고등어 Mackerel [어류]

　등 푸른 생선의 대표주자답게 고등어의 등은 어두운 푸른색이며 등을 제외한 나머지 부분은 모두 하얀색을 띕니다.

　이는 물고기의 '보호색'으로써 식탁 위에서는 모르겠지만 바닷속에서는 그 효과가 빛을 발하지요. 위에서 내려다볼 때의 등의 색깔은 어두운 수심과 같고 하얀 배는 아래에서 볼 때 밝은 수면과도 같아서 천적들로부터 몸을 숨겨줍니다. 다만 옆에서는 수면과 심해의 색에 반대되어 비쳐 보이므로 보호색의 덕을 보지 못하지만요.

인간관계도 이와 비슷하다고 할까요. 비교적 가벼운 관계에서는 예의상의 문제 등으로 서로의 내면을 숨기려 하는 보호색이 발동하기 때문에 진정한 자신의 단점을 발견하지 못합니다. 반면 옆에 가까이 있는 친구들에게는 자신을 있는 그대로 드러내기 때문에 솔직한 조언을 구할 수 있지요.

조언을 받아들이는 과정에 있어 감정적인 문제들을 맞닥뜨리는 것은 당연합니다. 이러한 시도만으로도 이미 상당한 발전을 이룩한 것입니다. 부디 궁극적인 발전을 목표로 감정을 다스리며 최대한 이성적으로 조언을 숙지하세요.

#관계 #성장 #공감

이용당하기 전에 사용하라
침팬지 Chimpanzee [포유류]

침팬지와 인간은 100만 년 전부터 같은 조상을 가지고 있다가 30만 년 전을 기점으로 종이 분화하기 시작했습니다.

때문에 침팬지는 인간과 유전적으로 가장 일치하는 영장류이지요.

인간 다음으로 높은 지능을 보유하기도 한 침팬지는 도구 사용에 있어서도 능숙한 모습을 보입니다. 나뭇가지를 이용하여 흰개미를 파먹는가 하면 나뭇잎에 물을 묻혀 몸을 닦기도 합니다. 이처럼 손을 사용하는 데 능숙하다 보니 잘만 가르치면 수화로 소통하는 것도 가능하지요.

 일부 학자들은 시간만 충분하다면 침팬지들이 인간과 같은 문명을 이룩할 수 있다고 말합니다. 하지만 그렇기 위해선 침팬지가 직립보행을 해야만 할지도 모르겠습니다. 인간이 문명을 이루게 된 가장 큰 원인이 다름 아닌 직립보행이기 때문인데요. 인류는 두 발로 걷기 시작

하면서부터 손이 자유로워지며 도구를 사용하거나 불을 피울 수 있게 됩니다. 불로 익혀진 음식은 매우 부드러워져서 적은 수의 치아로도 섭취가 가능했고, 이는 치아의 수가 감소하는 진화로 이어졌지요. 덕분에 입안의 공간이 확보되어 자유로워진 혀는 다양한 언어를 구사할 수 있게 되었습니다. 이러한 의사소통은 조직력을 더욱 강화시켜 찬란한 문명을 이룩하는 발판의 역할을 톡톡히 하지요.

상황에 걸맞은 창의적인 발상을 하기 위해선 야생을 뛰노는 침팬지와 같이 다양한 경험(배경지식)이 필요합니다. 더불어 창의력이 발휘되는 데 적합한 환경도 마련되어야 합니다. 이를테면 적당한 자유를 갖는 것 말이지요. 인류가 손이 자유로워지는 데 있어 직립보행의 영향이 중요했던 것처럼요. 이 모든 게 갖추어진다면 아무리 비좁은 개미굴과 같은 상황일지라도 침팬지처럼 문제없이 흰개미를 사냥할 수 있을 것입니다. 부디 환경에 이용당하기 전에 환경을 사용하십시오.

#의사소통 #집단 #창의력

명당을 만들어라
표범 Leopard [포유류]

원숭이 못지않게 나무를 좋아하는 맹수가 있습니다. 맹수들 중에서도 나무를 가장 잘 타는 표범은 먹이를 끌고 올라가 나무 위에서 먹는

가 하면 나무 위에서 느긋하게 휴식을 취하기도 하지요. 어찌나 힘이 센지 자신의 몸무게의 세 배에 달하는 먹이마저 끌어올릴 수 있답니다. 또한 나무는 천적으로부터 표범을 숨겨주는 피신처가 되어 주기도 합니다. 이렇듯 나무는 표범이 단독 생활을 하는 데 있어 최적의 보금자리입니다.

　사람마다 왠지 모르게 마음이 편안해지고 영감이 샘솟는 공간들이 있기 마련입니다. 남들이 보기에는 그저 협소한 공간에 지나지 않지만 자신에겐 더없는 명당이지요. 제겐 어린 시절의 작은 다락방이 바로 그런 장소였습니다. 비록 지금은 존재하지 않지만 일말의 아쉬움에 그나마 비슷한 느낌이라도 내보려고 애를 써보았지요. 추억이 깃든 작은 물건들이며 사소한 물건의 배치까지 재현을 하고 나니 한결 편안해진 느낌이 들었습니다. 이처럼 안락함을 주는 작업환경이 능률을 높인다는 것은 공공연한 사실이지요. 무엇보다 중요한 관건은 적합한 환경을 갖추는 것에 앞서 업무에 대한 충분한 이해가 선행되어야 한다는 점입니다. 자신의 정신과 육체가 편안히 깃들 때 비로소 명당이 완성되는 법이니까요.

#능률 #영감 #환경

불운을 읽는 법

두꺼비 Toad [양서류]

2008년 5월 중국의 쓰촨성에서 진도 8.0의 강진이 일어났습니다. 규모가 규모인 만큼 엄청난 사상자가 발생하였지만, 만약 두꺼비 떼의 움직임이 없었다면 훨씬 많은 사상자가 나올 수 있었다고 합니다. 지진이 일어나기 얼마 전에 쓰촨성 부근에서는 무려 10만 마리나 되는 두꺼비 떼가 대규모 이동을 하였는데요. 이를 본 주민들이 지진을 예감하여 미리 대피한 덕분에 목숨을 건졌기 때문입니다.

이처럼 두꺼비를 비롯한 많은 동물들은 인간보다 훨씬 예민한 감각을 가지고 있어서 지진의 전조 현상을 파악한답니다.

안 좋은 상황을 예견하는 특별한 감각은 타고나는 것이 맞습니다. 하지만 후천적인 노력으로도 어느 정도는 짐작이 가능하지요. 어떤 분야에 있어 연구를 열심히 하다 보면 '식견'이라는 게 생깁니다. 식견을 갖추면 빠른 판단과 통찰력으로 위기를 극복할 확률이 높아집니다. 식견을 얻기 위해서는 학문적인 지식들이 동물적인 감각으로 체득될 때까지 탐구를 거듭하는 것이 최선이랍니다.

#식견 #경험 #학습

작은 습관의 힘
홍학 Flamingo [조류]

홍학의 가장 큰 매력은 단연 분홍빛이 감도는 아름다운 깃털입니다. 이처럼 홍학의 깃털이 붉어진 이유는 유전적인 특성이 아닌 즐겨먹는 먹이 때문인데요. 홍학이 섭취하는 갑각류에 있는 '아스타신'이라는 색소가 깃털 조직에 축적되는 것이 그 원인입니다. 새끼 때에는 회색을 띠던 홍학이 먹이인 작은 새우와 게들로 인해 경이로운 변화를 이룩하는 것이지요.

홍학은 우리에게 변화는 '작은 습관'만으로도 가능함을 몸소 보여주고 있습니다. 작은 습관들이 삶에 누적되다 보면 분명 커다란 성과를 낳는다는 사실을 말이죠. 사소한 행동을 실행할 수 있는 의지와 이를 습관으로 이어 나갈 수 있는 끈기만 있다면 변화는 자연스레 일어납니다. 사실상 변화는 오직 절실함에 따라 결정됩니다. 홍학이 갑각류를 먹는 데 식욕이 필요하듯이 우리에게도 꾸준히 동기를 부여시킬 만한 욕구가 뒷받침되어야 합니다. 당신으로 하여금 시시때때로 허기를 느끼게 해줄 만한 목표가 생긴다면, 곧바로 첫 발걸음을 떼기 시작하세요.

#변화 #의지 #습관

어지러울 때 비로소 똑바로 길을 잡아갈 수 있다

게 Crab [절지동물]

단단한 껍질과 날카로운 집게발을 가진 게는 꽤나 늠름한 모습을 보입니다. 걸을 때를 제외하곤 말이지요. 옆으로 걷는 게의 모습은 다소 우스꽝스럽기까지 합니다. 게의 종류 중에서 일부는 앞으로 가는 경우도 있으나 대부분은 옆으로 기어가는 행동을 취합니다. 하지만 이들에게도 앞으로 걸어갈 수 있는 방법이 있긴 합니다. 다름 아닌 '어지러움'을 느끼는 것인데요. 한없이 어지러운 나머지 방향감각을 상실하게 되면 평소와 다른 방향으로 걸어간다고 합니다. 모두가 보기에 올바른 방향이더라도 게한테는 생판 다른 방향이겠지요.

혹시 요즘 복잡한 일들이 많아 머릿속이 어지럽지는 않으신가요? 조급한 마음에 좀처럼 방향을 잡지 못하고 있다면 오히려 이를 기회로 받아들일 필요가 있습니다. 복잡함이 주는 단순함으로의 갈증이 우리를 진정 올바른 길로 안내할 수 있으니까요. 중요하지만 할 수 없는 것은 결과적으로 중요하지 않은 것이나 마찬가지입니다. 과감하게 이러한 일들을 걸러내야만 비로소 당신에게 유익한 일들을 해 나갈 수 있는 것이지요. 당신만의 집게발을 꺼내어 필요치 않다 생각되는 일들은 가차 없이 찢어버리고 도움 되는 일들만 쏙쏙 골라내시길 바랍니다. 부디 길을 찾을 때까지 방황을 멈추지 마세요.

#위기 #방황 #기회 #성찰

익숙함에 속아 소중함을 잃진 말자

휘파람새 Bush warbler [조류]

휘파람새의 울음소리는 마치 우리가 부는 휘파람을 연상케 합니다. 철새지만 무리를 짓지 않는 특이한 습성을 가진 휘파람새는 혼자 또는 가족 단위로 생활하는데요. 일부다처제를 실시하는 만큼 수컷이 앞장서서 일정한 영역을 점유하곤 합니다.

휘파람새의 엉뚱한 점은 다름 아닌 사투리를 쓴다는 사실입니다. 휘파람새는 사는 곳이 광범위하지만 일단 정착을 하게 되면 눌러사는 텃새 성향이 강한데요. 이 때문에 다른 지역의 새들과는 서로 소통할 일이 없기에 울음소리가 각자 하나의 사투리처럼 굳어져버린다고 합니다. 이렇게 사투리를 쓰면서도 철새의 대열에 문제없이 합류하는 모습은 참으로 기이할 따름이지요.

소통의 단절만큼은 본받으면 안 되겠지만 우리도 휘파람새처럼 텃새와 철새의 성향을 고루 갖추며 변화에 임해야 할 것입니다.

#의사소통 #고집 #현실안주

일상 지구력 향상법
🐔 Chicken [조류]

명절을 맞아 도시의 소음에서 벗어나 한적한 시골의 할머니 댁에 내려갔던 적이 있었습니다. 이제는 지긋지긋한 알람에서 해방되어 조용한 아침을 맞을 수 있겠다는 생각에 나름 기대를 하고 잠들었지만 되레 시골의 아침은 꽤나 시끄러웠습니다. 범인은 다름 아닌 할머니 댁에서 키우는 닭이었는데요. 닭은 빛을 감지하는 솔방울샘이 발달해서 동이 트기 시작하면 귀신같이 눈치 채고 목 놓아 운다고 합니다. 솔방울샘은 빛의 양에 따라 멜라토닌을 분비하여 생체리듬을 조절하는 역할을 하는 뇌의 한 부분인데요. 우리가 빛을 쬐면 잠이 깨거나 잠들지 못하는 현상이 일어나는 게 바로 이 솔방울샘 때문입니다.

한편 신경질 나는 아침을 맞았던 저는 닭에 대한 앙심을 작게나마 불태웠습니다. 하지만 밥상에 올라온 계란 프라이 하나에 분한 마음이 사르르 녹아내렸지요. 닭은 어떻게 매일 일찍 일어나서 맛있는 달걀을 쑥쑥 낳는 건지 도리어 존경심이 들었습니다. 닭의 능률이 너무나도 부러웠지요.

그래서 저는 며칠간만이라도 닭처럼 살아보기로 마음먹었습니다. 아침에 일어나자마자 차마 소리를 지를 수는 없으니 대신 활기찬 체조를 통해 아침을 열었습니다. 상쾌한 아침 분위기의 매력에 이끌리다 보니 거부감 없이 자연스럽게 실천할 수 있었지요. 또한 닭처럼 규칙적인 생활을 위해 잠이 드는 시간도 일정하게 지키려고 노력했습니다. 명절이 끝날 무렵의 저는 안색이 몰라보게 좋아졌고, 무엇보다 피로감이 덜해 매사에 의욕이 넘치는 효과를 맛보았습니다. 하루의 시작과 끝을 신경 쓰는 것만으로도 전체적인 하루의 질을 높일 수 있다는 사실을 깨달았지요. 여러분도 한 번 닭처럼 살아보세요, 꼬끼오(꼭이요)!

#근면 #운동 #활력

절벽에만 있는 보물
바다오리 Puffin [조류]

바다오리는 머리부터 날개에 이르는 등 부분이 검은색을 띠고 배를 포함한 몸의 아랫부분이 흰색인지라 펭귄과 혼동하기 쉬운 생김새를 가지고 있습니다. 행동하는 모습을 보면 이 둘의 비슷한 점을 더 발견하게 되는데요. 바다오리는 비행이 가능한 동시에 펭귄처럼 헤엄도 칠 줄 아는 능력자이기 때문입니다.

물론 이러한 능력을 갖기 위해선 피나는 노력이 뒤따라야 하겠지요. 바다오리는 어릴 때부터 혹독한 훈련을 받으며 자랍니다. 부모 바다오리는 새끼를 절벽 위로 데리고 올라가서 다짜고짜 밀어버립니다. 부모에 의해 떠밀려진 새끼는 날거나 헤엄을 치기 위해 아등바등하지요. 다행히도 바다오리는 기름샘에서 분비되는 기름 덕분에 물에 젖지 않고 뜰 수 있기에 목숨에는 지장이 없는 채로 훈련을 계속 강행합니다.

겉으로 드러나진 않지만 어딘가 분명히 숨겨져 있는 재능을 '잠재력'이라고 합니다. 발견하지 못해 발휘되지 않고 있는 자신의 또 다른 능력을 일컫지요.

일상적인 상황들로는 당연히 잠재력을 찾기가 힘듭니다. 평소에 접하기 힘든 생소한 상황을 겪음으로써 느끼는 긴장감만이 잠재력을 깨울 수 있지요. 그렇지만 잠재력을 온전한 실력으로 만들기 위해선 스스로가 어느 정도 성취를 달성할 수 있어야만 합니다. 절벽이 낮으면 나는 연습을 할 수 없지만, 절벽이 너무 높아도 바람이 너무 세기 때문에 연습을 못하니까요. 창조적인 환경과 적당한 난이도를 갖춘 최적의 환경이라 판단된다면 과감히 뛰어드세요. 자신에 대한 믿음만 받쳐준다면 실패해도 절대 가라앉지 않을 것입니다.

#잠재력 #훈련 #공포

지구에서 가장 큰 폐는 바다에 있다
대왕고래 Blue whale [포유류]

대왕고래는 크기와 무게를 기준으로 모두 지구에서 가장 거대한 동물입니다. 이는 먼 옛날의 공룡들까지도 포함한 통계라는 점에서 더욱이 그 크기를 실감할 수가 있지요. 대왕고래의 몸집은 사는 지역에 따라 조금씩 다르지만 평균적인 몸길이는 약 25m이고, 몸무게는 약 125톤입니다.

흰수염고래라고도 불리는 대왕고래는 이빨 대신 입안의 수염으로 먹이를 걸러서 먹습니다. 주 먹이인 플랑크톤과 새우 떼를 한입에 집어삼킨 뒤 필요 없는 바닷물만 수염을 통해 걸러내지요. 대왕고래는 플랑크톤을 대량으로 포식함으로써 플랑크톤의 과도한 번식을 막아 바닷속에 산소가 부족해지는 '적조현상'을 예방하는 데에도 크게 이바지한답니다.

또한 대왕고래는 거대한 음파를 발생시켜 동족 간의 의사소통을 하거나 지형을 파악하는데요. 그 위력은 무려 수천 킬로미터까지 뻗어나가는 정도입니다. 물론 멀리서도 이를 감지할 정도의 예민함 때문인지 잠수함을 비롯한 인간들의 해저 소음이 많은 고래들에게 스트레스를 준다고 하네요.

이처럼 다양한 능력을 지닌 바다의 왕 대왕고래는 다름 아닌 포유류입니다. 먼 옛날 육지에 살던 포유동물이 바다로 들어와 오랜 시간 진화를 거듭한 것이지요. 포유류의 네 다리 중에 두 다리는 앞 지느러미

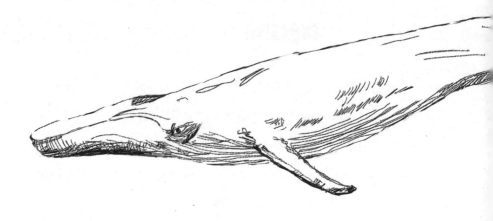

로 진화하고 나머지 두 다리는 퇴화되어 몸 안에 들어가 있는 상태입니다. 대왕고래도 여느 포유류와 마찬가지로 새끼를 낳아 젖을 먹여 기르지요. 지구에서 가장 큰 폐가 바닷속에 있는 셈입니다.

변화를 위해 떨쳐버려야 하는 부분들이 있기 마련입니다. 과거에 대한 수많은 집착들이 이에 해당하지요. 사실 굳이 떨쳐내려 애를 쓰지 않아도 해결되는 문제이긴 합니다. 당신이 몸담을 새로운 바다에서 열심히 헤엄을 치다 보면 어느새 다리는 지느러미가 되어 물살을 더 힘차게 가를 것이고, 힘차게 나아갈수록 과거에 대한 집착 또한 저 뒤편으로 사라질 것이니 말이지요.

#변화 #과거 #집착 #미련

잠재의식 깨우기

고릴라 Gorilla [포유류]

고릴라를 소재로 하는 영화들을 떠올려보면 난폭한 이미지가 주를
이룹니다. 실은 온순한 동물인데도 말이지요. 고릴라는 오직 자신의 영
역에 침범하는 경우에만 어금니를 무섭게 드러내고 괴성을 지르며 가
슴을 두드려 댑니다. 대부분의 유인원들이 잡식인 것에 반해, 고릴라는
초식을 선호하는 평화주의자이기도 하지요. 이렇듯 온순하기 짝이 없
는 고릴라는 유독 잠자리에 있어서만 까다로워집니다. 낮은 나무 위에
잠자리를 마련하여 자는 고릴라는 애써 만든 잠자리를 절대 두 번 다
시는 사용하지 않지요. 하루의 반을 잠으로 보내는 고릴라인지라 잠자
리에 민감할 수는 있겠지만 매번 잠자리를 바꾸는 것은 꽤 귀찮은 일

입니다.

하지만 어쩌면 고릴라가 잠재의식의 힘을 아는 것일 수도 있겠다는 생각이 듭니다. 무심코 지나치는 일상적인 것들이 잠재의식에 큰 영향을 미친다는 사실까지도 말이지요. 일상 속에 사소한 변화를 주는 방법으로 잠재의식을 자극하게 되면 다양한 영감을 떠올리는 데 큰 도움을 받을 수 있습니다. 매일 색다른 옷을 입는 것부터 다양한 운동을 즐기는 것까지 잠재의식을 새롭게 해줄 만한 일들은 많이 있으니 한번 시작해 보세요.

#잠재의식 #영감 #변화

진화의 물살 속에 쓸려 나간 과거
개구리 Frog [양서류]

개구리는 알에서 깨어나면서부터 꼬리가 긴 모양을 띠기 시작합니다. 시간이 흘러 점점 뒷다리와 앞다리가 자라나고 꼬리는 들어가면서 개구리의 '올챙이' 시절은 막을 내리게 되지요. 또한 아가미로 숨을 쉬던 올챙이 때와 달리 성체가 되면 폐호흡과 피부호흡을 주로 하게 됩니다. 이 모든 과정이 불과 한 달 만에 일어나지요.

개구리는 길쭉한 혀를 이용하여 날아다니는 파리도 문제없이 사냥합니다. 놀라운 사냥 실력이지만 더욱 놀라운 것은 개구리의 눈 구조

인데요. 눈이 몸체에 고정되어 있는 탓에 개구리는 움직이는 물체만 볼 수가 있답니다.

자신의 과거를 등한시하는 인물을 보고 흔히 개구리가 올챙이 적 생각을 못 한다고 비유합니다. 비록 아련하리만큼 힘들었던 올챙이 시절이었겠지만 이마저도 기억하지 못할 만큼 몰두해야만 진정 놀라운 변화를 이끌어내는 것이 아닐까 싶습니다.

#과거 #망각 #열정

최고의 전압을 만드는 조건
전기뱀장어 Electric eel [어류]

전구가 발명되기 이전까지 지구상에서 전기를 가장 많이 쓰던 동물은 바로 전기뱀장어였습니다. 전기뱀장어가 방출할 수 있는 최대 전압은 무려 850볼트에 달하지요. 이는 사람을 포함하여 웬만한 동물은 즉사시킬 수 있는 어마어마한 위력입니다. 전기뱀장어는 위험할 때뿐만 아니라 먹잇감을 찾을 때도 시력을 대신하여 약한 전압을 사용하지요.

전기를 만들 수 있는 동물들은 전기뱀장어 외에도 많이 존재합니다. 하지만 전기뱀장어는 다른 동물들보다 훨씬 압도적인 양의 전압을 만들어내지요. 그 비밀은 다름 아닌 서식 환경에 있었습니다. 액체는 농도가 옅을수록 전압이 덜 흐르는 특성을 가지고 있는데요. 이 때문에 민물에 사는 전기뱀장어는 진화를 통해 강한 전압을 가져야만 효과적인 사냥이 가능하고 천적으로부터 자신을 보호할 수 있었던 것이지요.

환경이 열악한 만큼 그것을 극복하고 더욱 커다란 변화를 이루어낼 만한 가능성이 존재하는 것입니다.

다만 변화하는 과정에 있어 필요를 넘어선 민감함은 오히려 독이 되기도 합니다. 전기뱀장어의 예민한 성격을 잘 아는 원주민들은 막대기로 강물의 수면을 두드려서 전기뱀장어를 놀라게 하여, 방전시켜 지치게 한 뒤 사냥을 하니깐 말입니다. 환경을 극복하려는 노력도 좋지만 환경에 너무 지나치게 민감해도 안 되는 법이지요.

#변화 #극복 #가능성

평범함을 비범하게 만드는 방법
비버 Beaver [포유류]

튼튼한 앞니를 사용하여 나무를 갉아 댐을 만들고 집을 짓는 비버는 자연에서 제일가는 건축가입니다. 강에 사는 비버는 천적들을 피해 강의 중심에 집을 짓습니다. 강의 수심이 깊을수록 접근하기가 힘들기 때문에 비버는 집을 짓기 전에 강둑을 쌓아서 수위를 조절하지요. 완성된 집은 물속을 통해서만 들어갈 수 있으며 안에는 숨을 쉴 수 있는 환기구도 마련되어 있습니다.

꽤나 거대한 공사인 만큼 비버의 가족들이 모두 동원되는 것은 물론 이고 심지어는 대를 이어 짓기도 한답니다. 집을 짓는 도중에도 천적들의 수많은 위협에 노출되기 때문에 서로 꼬리를 이용하여 경고의 메시지를 주고받지요. 평소에는 헤엄을 치는 데 사용되는 꼬리지만 천적이 나타나면 땅을 내려쳐서 큰 경고 알람을 내는 데 쓰입니다.

비버는 오로지 나무만을 사용하여 야생에서 살아남는 법을 터득했습니다. 평범한 나무를 비범할 정도로 효과적이게끔 만드는 제작 기술은 비버의 창의력과 끈기가 없었다면 발휘되기가 힘들었겠지요.

강 주변의 숲과 같이 다소 평범한 환경일지라도 호기심을 갖고 유심히 바라본다면 불현듯 획기적인 방안이 떠오를 수 있습니다. 호기심과 끈기를 유지한다면 얼마 안 가 이 둘은 서로 화학반응을 일으켜 놀라운 창의력으로 탄생할 것입니다.

#창의력 #끈기 #협동

나우루 공화국의 비극

　남태평양의 적도 부근에 위치한 나우루 공화국은 현실에 안주하는 삶의 결말을 단적으로 보여주는 예입니다. 나우루 공화국은 매우 좁은 땅에 비해 상당량의 천연자원이 매장되어 있었던 황금의 땅입니다. 바다 한가운데에서 오랫동안 철새들의 휴게소 역할을 하며 쌓인 배설물들이 인광석이라는 자원으로 변하게 된 것이지요. 나우루 정부에서는 인광석을 채굴하여 얻는 이익을 국민들에게 공평하게 분배하는 정책을 시행합니다. 이는 돌이킬 수 없는 비극의 서막을 연 셈이지요. 갑작스럽게 돈방석에 앉은 국민들은 사치에 흠뻑 젖어 생활력을 점점 잃어나가기 시작합니다. 섬에 하나밖에 없는 짤막한 도로를 다니기 위해 고급 외제차를 몇 대씩 소유할 만큼 극도로 태만해졌습니다. 마침내는 아예 일이라는 개념 자체를 상실해버리고 맙니다. 엎친 데 덮친 격으로 인광석마저 모두 바닥이 나지요. 심지어는 무분별한 채굴로 인해 섬의 고도가 낮아져 물에 잠길 위험에도 처하게 되었답니다. 결국 나우루 공화국의 국민들은 삶의 역량뿐만 아니라 터전까지 잃어버릴 비극을 맞이하고 말았지요.

　새들이 쉴 새 없이 오가며 축적시켰던 자연이 준 보물은 국민들을 타락시킨 애물단지가 되었습니다. 이처럼 미래에 대한 계획 없이 현실에만 충실하는 태도는 충동적인 삶으로 이어져 고통의 나락으로 빠지기 쉽습니다. 우리가 영원할 것만 같다고 느끼는 것들은 모두 한정적이라는 사실을 염두에 두고 자만해지지 않게 조심해야 합니다.

지구 선배들의 가르침 3

수적천석
(水滴穿石)

물방울이 결국 바위를 뚫듯이
꾸준한 노력만이 승패를 결정짓는다.

게으름의 대가
햄스터 Hamster [포유류]

깜찍한 모양새로 많은 이들의 사랑을 받는 햄스터는 천진난만한 겉모습과 달리 남모를 아픔을 안고 있답니다. 바로 앞니가 계속해서 자라는 특성 때문인데요. 평소에 딱딱한 먹이를 통해 이빨을 갈아내지 않으면 먹기가 불가능해질뿐더러 최악의 경우 턱을 뚫게 될 수도 있다고 합니다. 햄스터의 앞니에는 치아의 형태를 유지시켜줄 치근이 없는 바람에 이런 현상이 일어나지요. 반대로 생각해보면 아무리 열심히 갈아먹어도 이빨이 닳아 없어지지 않는다는 소리입니다. 불행 중 다행이라고나 할까요.

우리에게도 햄스터 못지않게 끊임없이 자라나는 병이 있습니다. 게으름이라고 부르는 이 증상은 그냥 방치해두다간 처참한 비극을 맞이할 수 있답니다. 긴 앞니로는 먹이를 먹지 못하듯이 심한 게으름은 눈앞에 있는 삶의 기회들을 모두 놓쳐버리게 하지요. 게으름과 더불어 맹목적인 노력 또한 문제가 됩니다. 만약 햄스터가 열정적이다 못해 신경이 분포되어 있는 치수 조직이 드러나도록 이빨을 갈아버린다면 엄청난 고통을 느끼게 될 것입니다. 마찬가지로 지나친 노력은 치수 조직과 같이 예민한 우리의 '감정'을 손상시켜 극심한 정신적 고통을 앓게 하지요. 감정을 살펴가며 노력의 강도를 조절해가야만 부작용 없이 노력의 결실을 맛볼 수 있을 것입니다.

#노력 #태만 #중용

공부는 빨판으로 하는 것
문어 Octopus [연체동물]

흔히들 공부는 엉덩이로 하는 것이라고 말합니다. 타고나는 실력보다 끈기가 공부를 하는 데 있어 더욱 중요하다는 뜻이지요. 그런 의미에서 만약 동물들이 공부를 하게 된다면 문어가 가장 우수한 성적을 거두지 않을까 싶습니다. 무려 1톤까지 견디는 어마어마한 흡착력의 빨판으로 책걸상에 딱 붙어서 끈기 있게 공부할 것만 같네요. 실제로도 문어는 영리하다고 알려져 있습니다. 얼마나 영리한지 다리 스스로도 간단한 판단을 내릴 수 있는데요. 신경을 담당하는 뉴런의 대부분이 뇌가 아닌 다리에 분포되어 있기 때문에 뇌의 명령 없이도 스스로 움직인답니다. 문어에게 있어서 공부란 머리가 아닌 몸으로 하는 것에 가까울 따름이네요.

문어의 경우처럼 온몸에 분포되어 있는 신경을 이용하면 일의 능률을 훨씬 높일 수 있습니다. 마찬가지로 오감을 자극하는 방식으로 학습을 하면 높은 효과를 거둘 수 있답니다. 이스라엘의 '하브루타(Havruta)'처럼 짝을 지어 서로 듣고 말하는 학습법이 이 같은 공부에 해당하지요. 단지 번거롭다는 이유만으로 사양하기엔 너무나 많은 이점들이 있습니다. 때때로 책과 같은 형태로 지식을 접하는 등 학습 수단을 신중히 고르는 것도 창의력을 함양하는 데 있어 중요한 요소가 됩니다.

문어는 태어나서부터 얼마 있지 않아 동족들과 치열한 영역 싸움을 펼친다고 합니다. 피할 수 없는 경쟁이라면 한 마리의 문어처럼 끈기 있게 부딪혀보는 건 어떨까요?

#학습 #경쟁 #노력

태만함은 수압과 같다

상어 Shark [어류]

거대한 몸뚱이와 커다란 입에 달린 수천 개의 날카로운 이빨. 상어는 생김새만으로도 이미 명실상부한 최상위 포식자의 분위기를 한껏 풍겨냅니다. 심지어 상어의 이빨은 수없이 빠져도 끊임없이 새로 자라나는 무서움을 보이지요.

이렇게 무시무시한 상어는 과연 바다에 두려울 것이 있을까 싶은데요. 아이러니하게도 상어는 물에 가라앉는 것을 가장 두려워합니다. 몸속에 부레가 없기 때문인데요. 주머니처럼 생긴 부레는 공기를 담아 부력을 발생시켜서 물고기가 물속에 가라앉지 않도록 해주는 기관입니다. 더불어 헤엄을 치는 깊이도 조절해주지요. 상어는 이러한 부레가 없기에 계속해서 헤엄쳐주지 않으면 물속으로 가라앉고 만답니다.

마치 우리가 한번 나태해지기 시작하면 한없이 게으름을 피우고 싶어지는 것과 같다고 할까요. 헤엄을 치지 않아 점점 가라앉다 보면 갈수록 타성에 의해 부지런해지려고 마음을 먹는 것이 어려워집니다. 오랜 게으름 끝에 바닥에 닿을 즈음이면 원래대로 돌아가는 것은 거의 불가능에 가까워지지요. 엄청난 수압을 이겨내야만 하는 순간이 오기 전에 의지를 십분 발휘하여 게으름의 흐름에서 벗어나야 합니다. 상어처럼 매 순간을 다투진 않더라도 꾸준히 태만함을 경계하며 살아갈 필요가 있지요.

상어는 몸의 대부분이 연골로 이루어져 있어서 이빨과 턱만 화석으로 남는다고 합니다. 상어가 생전에 가라앉지 않으려고 수없이 헤엄쳤던 몸뚱이는 상어의 역사 속에 남지 못하는 것이지요. 비록 여러분도 자신의 피땀 어린 노력을 사람들이 알아주지 못하더라도 섭섭해 하지는 마세요. 숨겨진 노력은 당신 스스로가 알아줄 때 진정한 가치를 가지니까요.

#태안 #경계 #노력 #성찰

되새김질 학습법
🐄 Cow [포유류]

소는 먹이를 삼키고 나서 시간이 날 때마다 먹이를 게워내어 입으로 잘게 다지는 되새김질을 합니다. 때와 장소를 불문하고 나타나는 포식자들로부터 신속하게 도망치려면 먹이를 씹는 시간마저도 부족하기 때문이지요. 더불어 소가 먹는 식물들은 소화하기가 매우 까다로운 터라 위를 4개나 동원하며 오랜 시간 동안 되새김질을 해야만 합니다. 대신에 그만큼 효과적으로 먹이를 분리하여 흡수하므로 소는 오로지 식물만으로도 큰 덩치를 유지하기에 충분한 영양소를 공급받을 수 있지요.

일명 암기 과목이라 불리는 학문들이 있습니다. 이는 해당하는 과목의 시험에서 사고력이 크게 필요치 않은 형식적인 답안들만을 요구하여 학생들이 암기를 주로 하기 때문인데요. 효과적인 암기를 위해선 소의 되새김질처럼 몇 번이고 개념을 곱씹어야 합니다. 단순히 수없이 훑는 것만으로도 우리의 뇌가 개념을 차근차근 분해한 뒤 효과적으로 흡수할 것입니다. 소와 같이 우직하게 공부하는 것이 가장 정석의 학습 방법일 테지요. 다만 충분한 이해보다 무조건적인 암기가 우선시되면 사고력의 발전에 크나큰 방해가 될 수 있습니다. 지식을 공급받는 데에만 익숙해지면 다루는 정보의 범위가 제한되고 생각하는 힘 또한 약해지지요. 그렇게 쌓은 지식들은 주체성을 잃고 모두 시험을 통과하기 위한 일회용의 수단으로 전락하고 맙니다. 진정 오래가고 깊이 있는 지적 능력을 가지기 위해선 필히 자신의 방식대로 지식을 습득해야 할 것입니다.

#학습 #암기 #이해 #사고

모래사막에서 많은 시간을 버티는 힘
낙타 Camel [포유류]

물 한 방울 찾아보기 힘든 사막에서 낙타는 '사막의 배'라고 불립니다. 모래로 이루어진 망망대해 같은 벌판을 거니는 데엔 낙타만큼 안성맞춤인 동물이 없기 때문이지요. 낙타의 긴 속눈썹과 자유자재로 여닫을 수 있는 콧구멍은 사막의 모래 먼지를 효과적으로 걸러냅니다. 특수한 구조의 코는 숨을 쉴 때 수분을 최소한의 양만 방출시키지요.

두껍고 넓은 발바닥은 모래에 빠지지 않게 도와줍니다. 또한 낙타의 트레이드마크라고 할 수 있는 커다란 혹 안에는 다량의 지방이 저장되어 있는데요. 이러한 지방을 분해하며 생기는 수분으로만 충분히 며칠을 버티는 것이 가능하답니다. 정신력이라고 하기엔 애매한 감이 있지만 낙타는 이러한 신체 능력을 바탕으로 수백 킬로미터에 달하는 긴 거리도 무난하게 걸어 다니지요.

기나긴 노력의 과정에 있다면 낙타와 같은 자세를 가져야 합니다. 모래 먼지와 같이 시도 때도 없이 불어오는 유혹을 완벽히 차단할 수 있어야 하며, 어떠한 고난에도 가라앉지 않아야 하지요. 하지만 먼 거리를 이동하기 위해 가장 중요한 것은 단연코 동기부여입니다. 일반적인 동기가 아닌 인생을 걸 정도로 중요한 동기가 필요하지요. 마치 낙타의 '물'처럼 나에게 절실한 '꿈'을 혹에 가득 담아야 합니다. 혹이 크면 클수록 더 오래 그리고 멀리 갈 수 있으니까요.

마지막으로 당부 드리고 싶은 말은 감정의 동요를 조심하라는 것입니다. 긴 여정에 있어 지나친 감정의 동요는 일을 단숨에 망쳐버릴 수 있으니 주의해야 합니다. 땀을 흘리지 않고 오줌마저도 농축해서 누는 낙타처럼 꾸준히 감정적인 욕구를 억누르는 대신에 오아시스(욕구를 해결할 만한 모든 것)를 만날 때마다 원 없이 갈증을 해소하세요. 놀 땐 놀고, 일할 땐 일만 하는 태도를 들이세요.

#인내 #경계 #동기부여 #휴식

용기가 장기(臟器)를 만든다
펭귄 Penguin [조류]

턱시도를 빼입은 듯한 모양새로 '남극의 신사'라고 불리는 펭귄은 의외로 더운 지역에 살기도 합니다. 물론 사는 지역에 관계없이 모든 펭귄은 수영의 달인이지요. 펭귄의 지느러미 모양의 날개는 수영에 매우 최적화되었습니다. 깃털 또한 방수가 가능하지요. 바다에서도 충분히 사냥이 가능한 펭귄이 굳이 많은 에너지를 소모하면서까지 비행을 할 필요는 없을 것입니다. 물론 작심해도 날 수는 없지만 말입니다.

혹시 누군가가 당신에게 임의적인 목표를 강요하진 않나요? 당신에 대해 제대로 알지도 못하고서 말이지요. 이는 마치 날개가 달렸다는 이유만으로 펭귄에게 비행을 부추기는 꼴입니다. 성공할 가능성이 희박할뿐더러 무엇보다 원하지 않는 일인데도 엄청난 노력을 낭비하게 되지요. 이러한 강요를 벗어나려면 당신이 실현하고픈 꿈을 그들에게 또렷이 각인시켜 주어야 합니다. 스스로의 힘으로 그 가능성을 몸소 증명하는 방법밖에 없지요. 직접 수영하여 사냥한 물고기를 단 한 마리라도 보여주고 나면 더없는 신뢰를 얻을 수 있습니다. 크게 숨 한 번 몰아쉬고 물속에 뛰어드는 용기가 필요할 뿐입니다. 그러한 용기만이 진정 당신의 유용한 장기(臟器)를 발현시켜줄 것입니다.

#진로 #관습 #저항

사리는 것을 불가(不可)하라

불가사리 Starfish [극피동물]

통상적으로는 밤하늘에만 별이 있다고 여겨지지만 잘 찾아보면 바다에도 수많은 별들이 존재합니다. 심지어는 살아 움직이기까지 하지요. 이러한 바다 별들을 우리는 '불가사리'라고 부릅니다. 불가사리는 동물 세계에서 내로라할 만큼 집요한 생명력을 가지고 있는데요. 매우 추운 심해에서도 생존하는 적응력과 다리가 잘려나가도 다시 복구시키는 재생력은 물론이고, 자웅동체여서 번식에 있어서도 어려움을 겪지 않습니다. 뇌가 없는 불가사리가 이렇게나 능숙히 자연에 적응하는 것이 놀라울 따름입니다.

불가사리는 생긴 것만큼 매우 독특한 방식으로 식사를 합니다. 다른 동물들은 먹잇감을 삼키고 나서 소화를 시키지만 불가사리는 반대로 자신의 위장을 꺼내 소화액을 먼저 분비하여 소화를 시킨 뒤에 삼키지요.

일을 막힘없이 처리하기 위해 미리 해결해 놓는 태도, 이는 어쩌면 불가사리의 끈질긴 생명력과도 연관되어 있을지 모릅니다. 우리도 일에 착수하기에 앞서 미리 사전조사를 해보며 업무를 정리해 놓는다면 나중에 일을 훨씬 수월하게 처리할 것이 분명합니다. 혹여 미리 체험해보는 과정에서 실수를 저지른다 해도 복구할 만한 시간이 충분하기에 걱정을 덜어도 되지요. 그러니 부디 몸을 사리지 말고 적극적으로 준비에 임하길 바랍니다.

#계획 #준비 #연습

속도는 언제나 상대적이다
달팽이 Snail [연체동물]

느림의 대명사인 달팽이의 속력은 무려 시속 50미터에 달합니다. 정말 한치 앞을 다투는 속도가 아닐 수 없지요. 하지만 단지 느리다고 해서 달팽이를 무시하는 것은 큰 오산입니다. 너무 느려 따분해도 숨겨진 매력이 다분하기 때문이지요. 먼저 달팽이는 날카로운 표면 위에서도 별다른 상처 없이 움직일 수 있는 능력을 가지고 있습니다. 몸에서 분비되는 점액질로 물체와의 막을 형성하여 떠있는 듯 움직이지요.

달팽이는 엄청난 부자이기도 합니다. 자그마치 수만 개에 달하는 이빨을 소유하고 있는 '이빨 부자'이지요. 우리가 생각하는 모양의 이빨은 아니지만 키틴질로 이루어진 작은 치설을 이용하여 잎을 잘게 갈아 먹습니다. 이렇듯 달팽이는 느리지만 물러서지 않고, 작지만 엄청난 섬세함을 보유하고 있답니다.

심지어 달팽이는 정직하기까지 합니다. 똥만 보아도 무엇을 먹었는지 알 수 있을 만큼 먹이의 색깔이 그대로 나타나지요. 아마 우리들의 노력 또한 마찬가지일 겁니다. 정직하게 노력한 만큼 거짓 없는 결과가 나올 테니까요.

남들에 비해 혹은 자신의 기대에 비해 뒤처지는 것처럼 느껴질 때, 우리는 이미 지쳐버린 자신에게 무자비할 정도로 자책을 합니다. 최선을 다하지 않았다면 자책 받아야 마땅하겠지만 그게 아니라면 자신의 조바심을 탓하는 것이 백번 옳지요. 그저 달팽이가 지나가면서 점액질을 발라놓듯이 공을 들여 본인만의 길을 닦는 데에만 집중하십시오. 남들이 아닌 과거의 자신과 속도를 비교하며 나아가십시오.

#애력 #노력 #여유

앞만 보고 달려라

말 Horse [포유류]

말의 꽁무니를 따라 기다랗게 늘어진 꼬리는 해충들을 쫓아내는 역할을 합니다. 털이 한 묶음 달린 꼬리로 힘차게 한 번 휘두르고 나면 그 어떤 벌레라도 떨어지지 않고는 배길 수가 없지요.

목표를 향하여 나가는 데 있어 가장 큰 적은 다름 아닌 자기 자신입니다. 아무리 만만한 목표라고 할지라도 개인의 의지가 받쳐주지 않는다면 불가능한 일이나 마찬가지지요. 비록 처음엔 순탄하게 나아갔을지라도 수많은 유혹들에 휩싸이게 되면 외딴곳으로 흘러들어가 길을 잃고 맙니다. 그럴 때는 말이 꼬리를 휘두르듯이 단호하게 유혹을 떨쳐버릴 수 있는 의지가 필요하지요. 아주 약간의 안일함이라도 신속하게 차단해야만 합니다. 커다란 댐을 무너뜨리는 것은 결국 작은 구멍으로부터 생긴 금이니까요.

말은 서서 잠을 자는 것이 가능합니다. 이는 필요에 따라 무릎과 발목의 뼈를 고정시킬 수 있는 다리 구조 덕분이지요. 초식동물의 특성상 맹수들을 피해 재빨리 달아나야 하기 때문에 서서 자는 능력이 생겼답니다. 목표를 향할 때도 서서 자는 말처럼 항시 유혹들을 감시하는 태도가 필요합니다. 잠을 잘 때와 같이 우리의 의지가 가장 약해지는 순간을 특히나 조심해야 하지요. 이럴 때 가족과 친구들이 주는 정신적인 위안은 큰 도움이 됩니다. 말들이 무리를 지어 자는 것처럼 말이지요.

우선 속도를 내는 것에만 전력투구하십시오. 어느 정도 속력이 붙기 시작하면 유혹들이 전혀 쫓아오지 못할 것입니다.

#경계 #의지 #집중

열정과 정열(정말 열심히 하는 것)의 조화
순록 Reindeer [포유류]

루돌프 사슴의 여리고 온화한 이미지와 상반되게 실제의 순록은 매우 강인한 신체 능력을 가지고 있습니다. 순록은 툰드라 기후에 해당하는 지역에 서식합니다. 툰드라 지역이란 가장 더운 여름조차 평균 기온이 10도를 넘지 않는 극한의 환경을 말합니다. 나무도 잘 자라지 않아서 이 지역 동물들은 먹이를 구하기 위해 겨울마다 멀리 이동을 하지요.

하지만 순록은 극한을 이겨낼 만한 특별한 능력을 가지고 있습니다. 차가운 눈을 밟고 다니는 다리의 온도를 몸의 중심부보다 낮추는 특기이지요. 순록은 이 덕분에 다리가 동상에 걸리지 않고 열 손실도 크게 줄이는 효과를 본답니다.

순록과 같은 태도는 우리에게 커다란 지구력을 가져다줄 수 있습니다. 목표를 바라보는 열정을 유지하는 동시에 차가운 이성적인 힘을 바탕으로 몸을 움직이는 것이지요. 열정과 이성이 이상적인 조화를 이루기는 사실 너무나도 힘든 일입니다. 보통은 어느 한쪽만 우세하거나 어느 한쪽도 발휘되지 않는 경우가 대부분이니까요. 순록이 먹잇감을 걱정하는 것처럼 매우 중요한 일이 아니고서야 우리가 침착함을 발휘하는 때는 많지 않습니다. 이 문제를 해결하기 위해선 단 하나의 방법밖에 없습니다. 바로 목표 없는 삶의 혹독함을 직면하고, 하루빨리 당신의 꿈을 찾아나서는 것입니다.

#적응 #열정 #중용

노력을 절약하라
딱따구리 Woodpecker [조류]

딱따구리는 초당 15번의 속도로 하루에 만 번이 넘게 나무를 쪼아대며 못질을 하는 열정적인 목공입니다. 속도가 속도인 만큼 딱따구리가 나무에 부딪히며 받는 충격은 무려 중력가속도의 1000배에 달하지요. 이는 심각한 신체의 손상을 불러올 만한 위력이지만 딱따구리는 특수한 머리 구조 덕분에 충격을 상당 부분 완화시킵니다. 그렇기에 딱따구리는 자유롭게 나무를 쪼며 벌레를 잡아먹거나 새끼들과 함께할 둥지를 만들기도 하지요. 나무 안을 뚫어서 만들기에 지푸라기로 만든 둥지들보다 훨씬 튼튼하답니다. 그러고 보니 딱따구리는 오직 나무만으로 의식주를 모두 해결하는 셈이네요.

목표에 비해 무모할 정도로 터무니없는 노력을 일컬어 '맨땅에 헤딩을 한다'고 합니다. 어떠한 도움도 없이 혼자서 죽기 살기로 노력하다 보면 딱따구리가 받는 중력가속도만큼 엄청난 세상의 무게를 실감하게 되지요. 노력은 계속하되 좀 더 영리한 방법을 갈구해야 합니다. 딱따구리가 나무를 쪼기 전에 조준점을 살짝 쪼아 놓는 것처럼 당신의 열정이 헛되지 않게 노력의 방법과 방향을 확실히 정하십시오. 현명한 딱따구리는 절대 힘을 낭비하지 않습니다.

#열정 #노력 #계획

완전한 똥은 없다
토끼 Rabbit [포유류]

토끼는 귀여운 생김새에 걸맞게 똥마저도 동글동글하니 앙증맞은데요(?). 사실 이 딱딱하고 동그란 똥은 토끼가 두 번이나 소화시킨 결과물이라고 합니다. 처음에는 끈적끈적한 묽은 똥을 싸는데요. 첫 번째 똥은 몸속에서 발효만 되고 배설한 것이라서 토끼는 영양소를 제대로 흡수하기 위해 이를 다시 섭취합니다. 그렇게 2차적인 소화를 시킨 뒤 배설하는 딱딱한 똥이 우리가 일반적으로 아는 토끼 똥이지요.

겉보기에 전혀 쓸모없어 보이는 똥이지만 토끼는 진정한 가치를 알기에 서슴지 않고 집어 먹을 수 있는 것입니다. 가치란 알아보기 나름입니다. 보잘 것 없는 경험일지라도 마음먹기에 따라 천차만별의 교훈을 얻게 되지요. 어디에나 스승이 있다는 말처럼 그 누군가에게도 배울 점이 존재하기 마련입니다. 토끼의 눈처럼 360도를 보고자 하는 의욕과 똥을 먹을 만큼 비위를 가리지 않는 적응력만 있다면 인생에 있어 오르막길은 계속될 것입니다(토끼는 앞다리가 상대적으로 짧은 탓에 내리막길을 내려가기가 어렵답니다).

#경험 #재발견 #적응

작은 빛줄기에 감사하며
코뿔새 Hornbill [조류]

코뿔새는 심히 독특한 양육 방식을 고수합니다. 나무 구멍에 자리를 잡고 둥지를 틀자마자 암컷이 혼자 들어가 알을 낳고 감금 생활을 자처하지요. 수컷은 먹이가 들어갈 작은 구멍만을 남겨놓고 둥지의 입구를 막아버립니다. 그때부터 암컷은 자신의 깃털까지 뽑으며 알을 품는 데에만 전념하지요. 그동안 수컷은 먹이를 구하러 바쁘게 돌아다니며, 구멍으로 벌레를 물어다 줍니다. 그렇게 지극한 정성 끝에 새끼가 부화하고 나면 그 뒤로도 암컷은 안에서 약 3달을 더 기다리며 새끼를 양육합니다. 그러다 새끼가 비로소 스스로 날 수 있게 되면 그제야 벽을 부수고 나오지요.

코뿔새의 양육 방식은 대체로 우리나라 고3 학생들과 학부모들의 삶을 떠올리게 합니다. 부모들은 자식이 대학에 합격할 때까지 갖은 노력을 쏟아붓습니다. 자식은 그때까지 어둡고 답답한 공간 안에서 주는 먹이만을 받아먹기에 바쁘지요. 밖에서 놀고 싶은 마음을 꾹 참아가며 새어 나오는 작은 빛줄기에 의지하여 수험 생활을 견뎌냅니다. 슬프지만 새끼 혼자서는, 그리고 부모마저도 이러한 현실을 뒤바꾸는 것은 쉽지 않습니다. 그저 우리는 작은 빛조차도 없는 깜깜한 현실이 아니기를 감사하며 억척스레 살아가야 할 뿐입니다. 변화를 주도할 수 있는 영향력을 가질 때까지 말이지요.

#부모 #순응 #인내

하찮은 경험이 괜찮은 인생을 만든다
제비 Swallow [조류]

제비는 진흙을 이용해 지푸라기나 식물의 뿌리를 이어 붙여 둥지를 만듭니다. 하나같이 자연 속에서 흔하게 찾아볼 수 있는 재료들이지만 일일이 물어다 나르는 제비의 정성 덕분에 특별한 둥지로 재탄생하지요. 보잘 것 없는 재료들로 모자랄 것 없는 훌륭한 둥지를 만드는 제비는 어려운 환경에 처한 이들에게 좋은 귀감이 됩니다. 특히 아직 모든 게 서투른 사회 초년생들에게 말이죠. 이들은 둥지를 막 벗어난 새끼나 다름없습니다. 이제는 각자 자신만의 둥지를 만들 차례이지요. 둥지를 짓는 데 가장 좋은 재료는 단연코 다양한 경험입니다. 정말 하찮게 느껴지는 경험일지라도 쌓이고 쌓이다 보면, 삶의 역경을 버틸 수 있는 튼튼한 둥지의 형태로 남기 마련입니다.

그저 빨리 지나갔으면 싶은 경험들이라도 하나의 교훈으로써 소중히 간직해 보세요. 어느샌가 당신을 성장케 하는 하나의 둥지가 되어 있을 테니까요.

#경험 #역경 #성장

한번 남긴 발자국은 평생을 안내한다

공룡 Dinosaur [파충류]

　나름 400만 년의 역사를 자랑하는 인류를 비웃기라도 하듯 공룡은 과거 무려 2억 년이나 지구를 지배한 바 있습니다. 더불어 역사상 가장 커다란 몸집을 자랑하기도 하지요. 영원히 천하를 호령할 것 같았던 공룡들이었지만 고작 운석 하나 때문에 수억 년을 지속해온 전성기는 막을 내리게 됩니다. 다행히도 일부는 오늘날까지 살아남아 조류의 모습으로 적응을 계속하고 있지요.

　공룡들은 덩치가 덩치인 만큼 움직이는 족족 엄청난 크기의 발자국을 남겼습니다. 그들의 생존을 향한 발걸음은 오랜 시간이 흐른 지금 후손들에게 화석이 되어 옛 모습을 보여주고 있지요. 마찬가지로 당신이 노력했던 흔적들은 어딘가에 뚜렷이 남아 훗날 방황하는 당신에게 이정표가 되어줄 것입니다. 늦게나마 자신만의 길을 개척하려는 당신에게 과거에 힘써 노력했던 기억이 큰 힘을 선사할 것입니다.

#방황 #열정 #초심

해는 지기 마련이다
이구아나 Iguana [파충류]

이구아나는 대략적인 생김새가 마치 공룡을 연상케 하여 공룡의 후예라고도 불리는 도마뱀입니다. 이구아나는 또한 다른 파충류들처럼 피가 차가운 냉혈동물이기 때문에 주로 일광욕을 하여 몸의 온도를 올리지요. 밤에는 체온이 내려가 활동이 둔해지는 바람에 천적을 피해 숨어 있어야만 한답니다. 환경에 따라 몸의 상태가 크게 좌지우지된다는 단점이 있지요.

하지만 냉혈동물의 가장 큰 장점은 몸을 따뜻하게 유지할 필요가 없어 에너지 소비량이 적다는 것입니다. 열원만 잘 찾아다니면 적은 에너지로도 활동을 계속할 수 있지요.

이구아나가 필사적으로 햇빛을 찾아다니는 모습은 마치 우리가 학업이나 직업적인 조언을 받기 위해 멘토를 찾아다니는 모습을 떠올리게 합니다. 이구아나가 가만히 누워 햇볕을 쬐듯이 우리도 멘토의 도움을 받게 되면 보다 손쉽게 원하는 바를 이룰 수 있지요. 다만 멘토가 곁에 없으면 단번에 무능력해지기 일쑤입니다. 이구아나가 해가 지면 당최 활동하지 못하는 것처럼 말이지요. 때문에 우리는 멘토로부터 하루빨리 독립할 필요가 있습니다. 멘토가 전수해주는 모든 조언들이 나만의 주체적인 행동으로 이어지도록 노력해야 합니다. 자신만의 안목을 기르는 성찰도 소홀히 해서는 안 되지요. 그렇게 꾸준히 역량을 갈고닦아 훗날 자신도 누군가에게 햇빛 같은 존재가 되어 준다면 정말 멋있고 보람된 인생일 겁니다.

#엔토 #독립 #성장

효율은 계획에 비례한다
재규어 Jaguar [포유류]

재규어(Jaguar)의 어원인 'Yaguara'는 '한 방에 죽이는 짐승'이라는 뜻입니다. 그만큼 재규어는 치명적인 사냥 능력을 가지고 있지요. 무는 힘이 엄청난 재규어는 사냥감의 목을 물어 질식사를 시키거나 두개골을 부수어 단번에 제압합니다. 다른 부위를 먼저 공격하게 되면 사냥 시간이 지체될뿐더러 많은 체력을 소모할 수 있으니까요. 이렇듯 자신만의 사냥 원칙을 고수하는 재규어는 우리에게 우선순위의 중요성을 일깨워줍니다. 두서없이 닥치는 대로 일하는 방식이 처리 속도가 더 빠른 듯싶지만 실제로는 일의 복잡함에 얽매여 시간이 더 오래 걸린다는 것이지요. 항상 일을 시작하기에 앞서 잠시 동안이라도 계획을 정리하는 습관을 들이면 재규어와 같이 일사천리로 일을 해결할 수 있을 것입니다.

#계획 #준비 #효율성

모래를 삼켜야만 하는 이유

새들은 이빨이 없어서 먹이를 씹지 못하고 삼키는 데에 그칩니다. 대신 모래를 삼켜서 소화를 돕지요. 삼킨 모래는 새의 모래주머니로 들어가서 이빨을 대신해 먹이를 잘게 부수어 주는 역할을 한답니다.

새는 어떠한 먹잇감을 쟁취하고 나서 집어 삼키는 것에 그치지 않습니다. 먹잇감을 완벽하게 소화시켜 온전히 제 몫으로 흡수하지요. 우리 인생에 있어 모래란 수많은 경험들에 해당합니다. 살면서 취미삼아 해보았거나 무시 못 할 이유에 이끌려 억지로 쌓게 된 경험들까지 전부를 말하지요. 이러한 경험들은 모래알같이 그다지 특별하게 생각되진 않지만 중요한 일이 닥치면 알게 모르게 그 진가를 발휘합니다. 그럼에도 불구하고 우리는 혹여 모래주머니가 찢어질까 싶어 새로운 경험을 쌓는 데 조심스런 태도를 취하지요. 하지만 이는 쓸데없는 걱정에 지나지 않습니다. 생각보다 당신의 모래주머니는 무척 질기니까요. 그러니 호기심이 생긴다면 언제든 넘치지 않을 만큼 새로운 경험들을 삼켜보세요.

전화위복
(轉禍爲福)

재앙은 어떻게 극복하느냐에 따라서
큰 재산이 되기도 한다.

공포를 상대하는 법
군함조 Frigate bird [조류]

군함조는 세상에서 가장 빠른 새라는 수식어를 달고 다닙니다. 급강하할 때의 속도가 무려 시속 400km를 넘나들지요. 하지만 군함조는 때때로 다른 새들의 먹이를 갈취하며 연명합니다. 빠른 속도를 이용하여 눈 깜짝할 새에 물고기를 낚아챌 법도 한데 말이지요. 군함조가 먹이를 훔치는 이유는 사냥할 때 감수해야 할 위험 부담이 너무도 크기 때문입니다. 헤엄에도 서툴고 깃털 또한 방수가 되지 않아서 자칫 잘못하면 익사를 당하지요. 일반적인 두려움이 아닌 죽음에 대한 공포심이 생기는 것입니다.

서서히 무언가가 숨통을 조여와서 물에 빠진 군함조처럼 꼼짝달싹할 수 없는 느낌을 공포라고 부릅니다. 선천적인 본능과 후천적인 경험들이 복잡하게 어우러져 일어나는 감정이지요. 공포심에는 정말 다양한 원인이 있지만 혹자들은 당사자의 나약함만을 문제 삼아 공포를 극복해야 할 대상으로 치부하기도 합니다. 물론 마음먹기에 따라 극복이 가능한 공포심도 있지요. 하지만 괜히 무리하다가 공포가 증폭되는 부작용을 겪을 수 있습니다. 그럴 경우 당사자는 끔찍한 수치심과 자책감 속에 씻지 못할 트라우마를 안고 살아가게 되지요.

이런 불상사를 막기 위해선 군함조처럼 공포를 영리하게 회피해 나가야 합니다. 높은 곳에서 다른 새들의 먹이를 빼앗는 군함조처럼 물에 빠질 위험 없이도 공포스러운 상황을 해결하는 방법을 모색해 보아야 하지요. 혼자서 역부족이라면 다른 이들에게 양해를 구하고 도움을 받으십시오. 두려움은 절대 부끄러운 게 아닙니다. 공포는 오히려 이익이 되는 존재입니다. 당신의 피해를 막는 중요한 방어기제이지요. 그저 물고기를 숨기고 있는 바다처럼 그 본질이 잘 드러나지 않을 뿐입니다. 공포의 바다에서 먹이를 직접 잡든 뺏어 먹든 모두 당신의 마음이지만 어쩌다 깃털이 젖었을 땐 최선을 다해 털어내야만 한다는 사실을 명심하세요.

#공포 #극복 #회피

뜻밖의 이익
그린란드 상어 Greenland shark [어류]

그린란드 상어는 냉동인간을 방불케 하는 엄청난 수명을 자랑합니다. 많게는 500살까지도 생존하지요. 수명이 긴 만큼 여유도 넘치는지 1년에 1cm씩 매우 느린 속도로 성장합니다. 짝짓기 또한 150살이 되어서야 가능하지요. 그린란드 상어가 장수하는 비결 중에 하나는 추운 심해의 낮은 수온에 있습니다. 미국 미시간대 숀 수 교수의 연구 결과에 따르면 낮은 온도에서는 노화를 억제하는 유전자가 작동한다고 하지요. 이러한 노화 억제 유전자가 활성화된 그린란드 상어는 신진대사가 느려지면서 다른 동물들보다 오래 살 수 있는 것입니다.

하지만 안타깝게도 그린란드 상어는 그 긴 세월을 앞을 보지 못한 채로 지내야 합니다. 바로 상어의 눈을 먹고사는 작은 기생충 때문이 지요. 그렇다고 마냥 나무랄 순 없는 것이 눈에 있는 기생충의 발광 능 력이 심해에서 먹이를 유인하는 데 요긴하게 쓰입니다. 어차피 빛도 잘 들어오지 않는 심해인지라 그린란드 상어에게는 오히려 잘 된 일이 겠군요. 남을 보는 것만큼이나 남에게 보이는 것도 중요하다는 사실을 깨닫게 해줍니다.

혹시 당신도 이처럼 성가셨던 일을 겪어보지는 않았나요? 처음엔 마 냥 고통스러웠지만 알고 보니 그만큼의 가치가 있었던 경험 말입니다. 고통은 단지 고통으로만 끝나지 않습니다. 어떻게든 값진 교훈을 남기 기 마련입니다. 그러니 고통에 몸부림치지 말고 그린란드 상어처럼 느 긋하게 고통을 받아들여 보세요. 혹여 뜻밖의 이익을 얻게 될지도 모 르는 일이니까요.

#고통 #교훈 #성찰

삶에 있어 예외는 없다
거북 Turtle [파충류]

거북은 바다에 살지만 해변가에 알을 낳는 독특한 습성을 가지고 있 습니다. 어미 거북들은 서로 좋은 자리를 차지하기 위해 거친 몸싸움도 불사하지요. 심지어는 다른 새끼들의 알을 훼손하기도 합니다. 안타깝게도 많은 수의 알들이 단지 자리싸움으로 인해 유명을 달리하지요. 자리싸움을 이겨내고 부화에 성공한다 해도 새끼 거북에겐 아직 커다란 역경이 남았습니다. 자신들을 호시탐탐 노리는 새들을 피해 해변에서 바다까지 도망가야 하지요. 성체인 거북도 느리지만 더군다나 새끼라면 아무리 발버둥쳐봤자 속도가 매우 느릴 것이 분명합니다. 바다에 도달해도 완벽히 잠수하기 전까지는 새들의 표적이 되기에 거북의 생존율은 매우 희박하지요. 모든 역경을 이겨낸 거북들만이 비로소 단단한 등껍질의 주인이 되어 넓은 바다를 헤엄쳐 나간답니다.

자연의 냉혹함은 어리다고 해도 예외가 아닙니다. 생태계를 살아남기 위해선 당연히 거쳐 가야만 하는 삶의 관문이지요. 가혹한 현실이지만 삶과 직결되는 문제이기에 좋으나 싫으나 최선을 다해야만 합니다. 하지만 이러한 역경을 이겨낼수록 쌓이는 경험들이 등딱지와 같이 굳어져 삶의 고통을 견뎌낼 수 있게 도와주지요. 부디 당신만의 멋있는 등딱지를 가지기를 응원합니다.

#역경 #고난 #극복

어둠은 당신을 가둘 수 없다
박쥐 Bat [포유류]

박쥐는 포유류 중에 날 수 있는 유일무이한 동물입니다. 포유류지만 조류의 특성을 가지고 있기 때문인지 한쪽에 온전히 머물지 못하고 이리저리 옮겨 다니는 사람을 박쥐에 비유하지요. 야행성인 박쥐는 낮 동안은 어두운 동굴에서 잠을 자며 보냅니다. 그것도 거꾸로 매달려서 말이죠. 밤이 되면 본격적으로 사냥에 착수합니다. 박쥐는 시력이 매우 나쁘지만 초음파를 이용하여 더욱 효율적인 사냥이 가능합니다. 장애물에 부딪혀 돌아오는 초음파를 분석하여 먹이의 크기와 종류, 위치는 물론 속도까지도 판단해내지요. 심지어는 수많은 박쥐들 속에서도 자신의 음파만을 감지한답니다.

칠흑같이 어두운 상황일수록 자신을 믿는 마음이 중요합니다. 스스로를 믿는 마음만 충분하다면 빛이 있고 없고는 중요하지 않지요. 현재 답이 보이지 않는다면 박쥐처럼 때 아닌 잠을 청하는 것도 좋습니다. 휴식을 취하면 상황을 거꾸로 뒤엎을 만한 놀라운 영감이 떠오르기도 하니까요. 자신을 향한 무조건적인 믿음만이 힘든 상황을 헤쳐 나갈 능력을 발현시킬 것입니다. 부디 어둠 속에 자신을 가두지 마세요.

#방황 #자신감 #휴식

어둡기에 더욱 빛난다
심해아귀 Anglerfish [어류]

빛이 들지 않는 심해에는 작은 태양들이 충실히 바다를 밝힙니다. 그 정체는 바로 심해아귀의 발광 기관입니다. 아귀는 낚싯대와 같이 긴 촉수 안에 발광 박테리아를 키움으로써 빛을 내어 먹이를 유인합니다. 깊은 바다엔 먹이가 흔치 않은지라 놓치지 않기 위해 커다란 입을 가지고 있지요.

심해는 그 깊이만큼 수압도 엄청납니다. 공기가 차 있는 일반적인 부레로는 그 압력을 도저히 버티질 못하지요. 때문에 아귀는 체내에 축적된 기름을 이용하여 물에 뜨고 가라앉는 것을 조절합니다.

삶의 깊은 밑바닥을 마주했을 때 우리는 수압만큼 엄청난 좌절감에 시달려 차마 일어서질 못하곤 합니다. 모든 삶의 기회들이 떠나가 버린 것처럼 무기력한 나날들을 보내지요. 다시 시작해보고 싶다면 먼저 숨을 크게 들이쉬어 보세요. 수압이 센 만큼 숨을 쉬기 힘들겠지만 일단 들이쉬고 나면 부력에 의해 떠오를 것입니다. 그다음엔 당신의 머리맡에 작은 꿈을 매달아 보세요. 어두운 심해인 만큼 당신의 희미한 불빛은 큰 희망으로 부각될 것입니다. 비록 작은 기회라도 값지게 느끼려는 마음가짐으로 하루하루를 임해 보세요. 머지않아 분명히 수면 위로 떠오를 것입니다.

#실패 #희망 #겸손

영롱함에 현혹되지 마라
조개 Shellfish [연체동물]

바다의 보석인 진주, 그 영롱한 빛깔에 가려진 조개의 슬픈 이야기를 알고 계시나요? 진주의 시작은 별 볼일 없는 모래 알갱이에 불과합니다. 조개 안으로 우연치 않게 들어와 살점에 박혀버린 작은 이물질이지요. 조개는 이를 알아채고 몸을 보호하기 위해 분비물로 이물질을 감싸기 시작합니다. 조개의 분비물은 조개껍질과 같은 탄산칼슘으로 이루어져 있어서 오랜 시간 굳으면 단단한 진주가 되지요. 한마디로 진주는 살을 에는 끔찍한 고통을 버텨낸 조개가 발휘한 인내의 결정체입니다.

몸을 가누기 힘들 정도로 고통스러울 때가 있습니다. 하지만 이는 어떻게 보면 자신만의 진주를 만들 수 있는 또 다른 기회이기도 합니다. 본인의 정신적, 신체적인 견고함을 증명하는 흔치 않은 순간인 것입니다. 하지만 진주를 얻기 위해서 무리하게 고통을 버티다가는 커다란 트라우마가 생길 수 있습니다. 아무런 소득 없이 힘든 결말만을 맞이하게 되지요.

고통이 적은 대신 불편함을 안고 살거나 더 큰 고통을 감수하고 그것으로부터 완전히 자유로워지는 것은 각자 나름대로 일리가 있는 일입니다. 충분히 심사숙고하여 부디 현명한 결정을 내리세요.

#고통 #극복 #회피 #결정

익숙함을 벗어라

가재 Crayfish [절지동물]

맑은 시냇물에 사는 가재는 그 존재만으로 이미 수질이 검증되었다고 보아도 좋습니다. 지극히 깨끗한 물에서만 사는지라 연약한 존재로 여겨지지만 가재는 항상 끊임없이 강해지기 위해 노력합니다. 성장하면서 이른바 '탈피'라는 것을 하지요. 탈피는 마치 사람의 때처럼 낡은 표피를 벗는 행위입니다. 갑각류인 가재는 낡은 표피층으로 이루어진 허물을 천천히 통째로 벗어버리지요. 이 작업이 상당히 고통스럽기 때문에 탈피 중에 돌연 죽어버리는 경우도 있습니다. 가재가 가장 연약해지는 순간입니다.

가장 상처받는 순간이란 따지고 보면 가장 성장하는 순간이 아닐까 싶습니다. 너무나 고통스러워 죽을 것 같지만 어떻게든 버티고 나면 한층 더 강해져 있는 자신을 발견하게 되지요. 가재가 허물을 먹으며 껍질에 필요한 영양분을 보충하는 것처럼 자신의 허물과도 같은 과거를 돌이켜보면 얻는 교훈들이 있을 것입니다. 익숙한 틀을 하나씩 벗어나야만 우리는 성장하는 법입니다.

#회상 #성장 #상처

작은 빛을 보는 관점
올빼미 Owl [조류]

좁은 시야를 가졌고 색맹에다가 두개골마저 비대칭인 새가 있습니다. 온통 단점투성이인 이 새는 놀랍게도 밤의 제왕으로 군림하는 올빼미입니다. 어떻게 올빼미는 이 많은 단점들을 안고도 야행성 동물로 완벽하게 적응하였을까요? 먼저 올빼미는 납작한 얼굴 때문에 시야가 다른 새들보다 좁습니다. 대신 고개를 더 많이 움직임으로써 무려 270도에 달하는 시야를 확보하지요. 사람보다 두 배 많은 14개의 목뼈를 잘 이용한 덕분입니다. 다음으로 올빼미는 원추세포가 없어서 색을 보지 못하는 단점이 있습니다. 그렇지만 원추세포가 퇴화한 만큼 명암을 구별하는 간상세포가 발달해서 오히려 적은 빛으로도 선명하게 물체를 판별하는 장점이 있지요. 이 밖에도 올빼미는 두개골이 비대칭인 덕분에 귀의 위치가 달라서 소리를 더욱 입체적으로 들을 수 있답니다.

깜깜한 현실을 살아가기 위해선 처한 상황을 최대한 긍정적으로 보려는 관점이 필요합니다. 열악한 환경은 작은 것에도 만족할 줄 아는 마음가짐을 가르치고, 빈곤함은 세상을 현실적으로 보고 듣고 느끼는 통찰력을 키워주지요. 작은 빛을 절망이 아닌 기회로 본다면 그 긍정의 힘이 칠흑 같은 어둠에서 벗어나는 원동력이 되어줄 것입니다.

#긍정 #고난 #극복

절벽을 철벽으로 만드는 힘
아이벡스 Ibex [포유류]

아이벡스라고 불리는 야생 염소는 눈으로 덮인 높은 산악 지대에서 주로 서식합니다. 해발고도가 높은 지역에 사는 동물들은 생각보다 많지만 그중에도 아이벡스가 특별한 이유는 바로 절벽을 좋아하기 때문이라고 말할 수 있습니다. 절벽을 타는 데 최적화된 발굽과 뛰어난 균형감각 덕분에 수직에 가까운 바위 절벽도 문제없이 오르지요. 절벽을 타는 이유는 바위를 핥음으로써 미네랄 성분을 보충하기 위해서이지만 천적을 피하기에 매우 유리하다는 이점도 있습니다. 날아다니는 독수리들을 제외한 웬만한 포식자들은 절벽을 타는 아이벡스를 감히 사냥할 엄두조차 못 내지요.

다양한 고난들에 쫓겨 삶의 벼랑 끝에 섰다고 느껴질 때가 있습니다. 조금만 뒷걸음질 쳐도 천 길 낭떠러지로 사라질 것 같은 그런 위태로운 상황 말이지요. 그럴 땐 이를 대비한 차선책을 미리 마련해 두어야 합니다. 벼랑 끝에서도 삶의 균형을 유지하게끔 힘을 주는 소중한 가치들을 간직하고 있어야 하지요. 사랑하는 사람들과의 애착, 혹은 절대적인 가치관이나 종교적인 신념이 될 수도 있습니다. 절대 밑을 내려다보지 말고 어떻게든 앞만 보며 버텨내십시오. 아직 잃은 것보다 잃을 것이 많은 당신이니까요.

#고난 #사랑 #종교 #극복

자신만의 빛깔을 드러내라
리본장어 Ribbon eel [어류]

리본장어는 일생 동안 세 번이나 몸색깔이 바뀝니다. 색깔이 바뀔 때 '성별'까지도 바뀌는 변신의 귀재이지요. 리본장어는 암수의 생식 기관이 한 몸에 있는 자웅동체입니다. 하지만 수컷의 성질이 먼저 발달하여 수컷으로 태어나지요. 얼마 안 가 암컷의 성질 또한 발달하여 암컷으로써 남은 어린 시절을 보냅니다. 이때까지는 검은 빛깔을 유지하다가 본격적으로 성장기에 접어들면 몸이 파란색으로 바뀌며 수컷의 역할을 하지요. 성장이 멈추고 나면 마지막으로 몸이 노란색으로 바뀝니다. 이제는 남은 생애를 암컷으로 보내며 번식 활동에만 온 힘을 쏟게 되지요. 암컷으로 사는 기간은 한 달 정도로 매우 짧답니다. 그럼에도 불구하고 불평 없이 제 역할에 충실하지요.

'정체성'처럼 당연히 존중되어야 할 가치가 아직도 획일적으로 강요받는 경우를 보면, 리본장어의 모습은 우리들로 하여금 많은 생각이 들게 합니다. 우리가 정체성을 형성하는 데 있어 누군가의 영향을 받을 순 있습니다. 하지만 누군가의 압력에 의해 정해져선 안 되는 일입니다. 세상을 낱낱이 들여다보면 무고한 약자들의 정체성이 탄압되는 모습을 심심치 않게 발견할 수 있습니다. 대부분의 사회적 소수자들은 그저 다르다는 이유만으로 차별받지요. 힘이 없는 소수자들은 너무나도 당연시되어야 하는, 다른 문화에 대한 이해를 호소해 봅니다. 물론 인권을 수호하려는 이들의 헌신도 무시할 수 없을 만큼 활발합니다.

하지만 이러한 노력이 무색하게도 여전히 차별은 세상 곳곳에 존재합니다. 소박한 일상 속에서마저 각박한 시선들이 빗발치다 보니 견디다 못해 은둔 생활을 자처하는 이들도 있습니다. 마치 리본장어가 어두운 밤에도 바닥에 숨어 생활하는 것처럼 말입니다. 부디 당신만의 빛깔을 드러내세요. 당신을 싫어하는 사람만큼 당신을 존중해주는 이들도 분명 존재할 것입니다. 그들을 찾아 존재의 소중함을 느끼세요. 지레 겁먹어 몸을 숨기고 있으면 절대로 그들을 만나지 못합니다.

모든 색을 섞으면 검은색이 됩니다. 검은색에서 수많은 색깔들을 뽑아내는 것은 당신의 몫입니다. 그 수많은 색깔들이 아까워서라도 굳게 용기 내어 보기를 바랍니다.

#정체성 #차별 #용기

죽음을 자각하라
주머니쥐 Opossum [포유류]

주머니쥐는 미숙한 상태로 태어난 새끼를 주머니로 보듬어 키웁니다. 육아낭(育兒囊)을 제외하고는 일반 쥐들과 다를 바 없게 느껴지는 생김새지요. 한 가지 더, 천적을 만났을 때를 제외하고 말입니다. 천적을 만난 주머니쥐는 혼신의 힘을 다해 죽는 연기를 펼치는데요. 훌륭한 연기에도 모자라 시체 썩는 냄새가 나는 액체 형태의 소품까지 사용하니 그 어떤 천적이라도 깜빡 속는답니다.

우리도 힘든 순간을 마주했을 때 주머니쥐를 따라 해보는 것은 어떨까요. 주머니쥐처럼 죽음을 자각함으로써 삶의 방향을 재정립해보는 것이지요. 잠깐이나마 고통으로부터 자유로워진 느낌을 받을 수도 있습니다. 한 번 그동안 잊고 있던 소중한 가치들을 떠올려 보세요. 고통을 느끼면서도 그것을 극복할 수 있는 힘이 생길 것입니다.

#죽음 #자각 #성찰

천연항생제
하마 Hippopotamus [포유류]

두꺼운 가죽과 달리 약한 피부를 가진 하마는 낮 동안은 햇볕을 피해 웅덩이에서 시간을 보냅니다. 오랫동안 자외선을 쬐면 심한 화상으로 인해 생명이 위험해질 수 있지요. 동족들 간의 싸움을 통해 깊은 상처를 입는 경우도 부지기수입니다. 그럼에도 불구하고 하마는 매일같이 건강한 모습을 보이는데요. 이는 하마의 뛰어난 자가 치유력 덕분입니다. 다름 아닌 하마의 땀에 상처를 소독하는 기능이 있기 때문이지요. 더불어 자외선까지 어느 정도 차단해주는 일석이조의 효능을 가졌답니다.

땀이 상처를 치료한다는 것은 우리 인생에 있어서도 해당되는 사실입니다. 실패로 인한 마음의 상처는 아쉬움과 상실감 같은 후유증을 남기기 마련인데요. 이러한 후유증을 잊을 수 있는 방법은 새로운 목표에 대한 열정밖에 없기 때문입니다. 비록 성공적인 결과를 장담하지 못하더라도 그 과정에 있어 자신을 믿고 오로지 목표에만 집중하기에 후유증을 앓을 겨를도 없을 테니까요. 눈물이 한가득 고인 웅덩이에서 벗어나 오래간만에 햇빛을 맞이하기란 상당히 고달픈 일이 분명합니다. 하지만 용기 내어 밖을 향해 발을 내딛는 순간 어느새 눈물은 땀이 되어 흐르며 당신의 상처를 치료해 줄 것입니다.

#실패 #상처 #열정 #회복

장난 같은 선물

귀상어 Hammerhead shark [어류]

귀상어의 길쭉하게 튀어나온 머리는 무섭기보단 특이하다는 느낌이 앞섭니다. 다른 부분은 모두 일반적인 상어와 비슷하지만 머리가 망치 모양을 닮았지요. 신의 장난이 아닌가 싶을 정도로 우스꽝스러운 생김 새이지만 알고 보면 귀상어는 신의 선물과도 같은 능력을 가지고 있습니다. 머리의 양 끝에 눈이 달린 덕분에 전 방향을 볼 수 있으며 머리가 넓은 만큼 다른 상어들보다 더 많은 신경세포를 가지고 있어서 먹이 등을 매우 세밀하게 감지하는 것이 가능하지요.

귀상어의 우스꽝스러운 머리처럼 모든 사람들은 제각기 열등감을 가질 만한 특성이 있습니다. 남들과 다르다는 점이 마냥 달갑게 여겨지진 않지요. 이러한 열등감을 잘 다스린다고 해도 단점이 결코 장점으로 승화되진 않습니다. 다만 독특한 자신을 인정하는 순간부터 삶에 대한 감각이 전보다 생기 있어집니다. 더불어서 사람의 외모가 아닌 내면과 가능성을 보는 능력도 얻게 되지요. 사람의 됨됨이를 주로 보기 때문에 관계 속에서 낭패를 보는 일도 적어집니다. 사람들의 시선에 못 이겨 움츠러들지 말고 스스로의 개성을 자신감 있게 표출하시길 바랍니다.

#외모 #차별 #열등감

최소한의 생기만을 유지하라

곰벌레 Water bear [완보동물]

물곰이라고도 불리는 곰벌레는 곰처럼 느릿느릿 걷는다고 해서 이름 붙여졌지만 그 이름이 우스울 만큼 눈곱만한 아주 작은 몸집을 가졌습니다. 비록 작지만 지구상의 모든 생명체를 능가하는 놀라운 적응력을 가지고 있지요. 그 능력을 차례대로 나열해보자면, 영하 273도부터 영상 151도까지 무려 424도에 달하는 온도 범위에 적응할 수 있고, 진공 상태를 비롯해 6천 기압까지도 생존이 가능하며, 30년 넘게 냉동된 상태에서도 해동 후 다시 소생이 가능합니다. 인간 치사량의 1000배가 넘는 방사능과 각종 위험한 화학물질들을 견디는 것은 덤입니다. 비밀은 바로 '가사(假死) 상태'를 취하는 데 있습니다. 생활환경이 나빠지면 자신의 신진대사 속도를 만 분의 일로 줄여 거의 죽음에 가깝게 몸의 활동을 늦춤으로써 아주 적은 에너지만으로 생명을 유지하지요.

극한의 상황을 이겨내려면 불필요한 잡념을 없애고 정말 최소한의 것들에만 집중하려는 자세를 취해야 합니다. 다만 최소한의 생기는 유지하여야 합니다. 만 분의 일이라도 생기를 유지해야만 원하는 상황이 찾아왔을 때 다시금 활기를 찾을 수 있지요. 무엇이 되었든지 기다리는 동안만이라도 당신이 삶을 포기하지 않게 도와주는 행동들을 찾아서 하세요. 5억 3천만 년 동안의 노하우가 깃든 곰벌레의 조언이니 부디 믿고 따르시길 바랍니다.

#가사 상태 #인내 #활력

당신은 어떤 알에서 태어났나요?

새들의 알은 왜 타원형일까요? 같은 부피라면 동그란 알이 크기가 작아 낳기도 쉽고 껍질을 만드는 데 필요한 탄산칼슘도 적게 들 텐데 말이지요.

미국 프린스턴대 메리 스토더드 교수팀의 연구에 의하면 새가 타원형의 알을 낳는 이유는 비행 능력과 직결되어 있다고 합니다. 공기의 저항을 덜 받기 위해 몸통을 길쭉하게 만들다 보니 골반이 좁아져 타원형의 알을 낳게 된다는 것이지요. 실제로도 날개가 크고 긴 새일수록 알이 길쭉한 특징을 가진답니다. 이 밖에도 타원형의 알은 둥지에서 쉽게 떨어지지 않는 장점을 가지고 있지요. 구형의 알보다 낳기 힘들고 탄산칼슘도 많이 드는 만큼 훨씬 창대한 운명을 맞이하게 되는 것입니다.

삶이 둥글지 않다고 느껴진다면 타원형의 알과 같은 운명을 겪고 있는 것이 분명합니다. 세상에 발을 내딛는 과정조차도 순탄치 않지요. 하지만 그만큼 어떠한 위기에도 끈질기게 버티는 근성을 가지게 됩니다. 이 덕분에 강한 바람에도 개의치 않고 더 높고 멀리 날아갈 수 있지요. 당신이 지금 답답한 이유는 감당할 수 없이 커다란 날개를 가두느라 좁기 때문임을 명심하세요.

지구 선배들의 가르침 5

고장난명
(孤掌難鳴)

한 손으로는 손뼉을 칠 수 없는 법이니
모름지기 다른 사람들의 소중함을 알아야 한다.

프러포즈
극락조 Bird of paradise [조류]

일생 동안 '짝짓기'에만 매진하는 새가 있습니다. '천국에서 살다 떨어진 새'라고 불리는 극락조가 바로 그 주인공이지요. 극락조는 오직 수컷만이 찬란한 생김새를 지니고 있습니다. 어찌 보면 이 화려함은 수컷들을 많은 시간 동안 구애 활동에 매달리게끔 하는 족쇄와도 같지요. 수컷들은 저마다 숲속에 명당 자리를 잡아놓고선 자신이 구애를 펼칠 무대를 만들어 놓은 뒤 암컷을 목 빠지게 기다립니다. 곧이어 암컷이 도착하면 그 즉시 준비해온 개인기들을 맘껏 뽐내지요. 화려한 깃을 휘날리며 다양한 몸짓들을 보이거나 매력적인 울음소리를 들려주며 암컷의 시선을 사로잡기에 바쁩니다. 이러한 노력들이 무색하게도 암컷은 열댓 번의 거절 후에야 비로소 한 마리의 수컷을 선택하지요.

사랑의 벽이 너무나도 높아 보일 때가 있습니다. 거절을 당하여 얻는 상실감 때문에 사랑을 겁내는 이도 있지요. 심지어는 극락조처럼 멋있게 무대를 꾸밀 능력도, 눈길을 끄는 프러포즈를 선보일 재주마저도 없는 경우가 있습니다. 그래도 걱정하지 마세요. 진정한 연인이라면 자신을 위해 내어둔 당신의 마음속 빈자리를 발견하고선 스스로 내려와 앉을 테니까요. 그저 당신은 빈자리를 남겨 놓은 다음 여유를 가지고 그가 날아올 때까지 기다리기만 하면 됩니다. 남은 무대는 열렬한 사랑을 통해 함께 장식하면 되는 일이니까요. 프러포즈(Propose)의 또 다른 의미는 '제안'입니다. 차분히 사랑을 제안할 수 있는 책임감이 있다면 그것으로 충분할 것입니다.

#구애 #사랑 #여유

가장 위대하지만 가장 낮은 곳에 있는 존재

지렁이 Earth worm [환형동물]

지렁이의 유익함은 이루 말할 수 없습니다. 인류가 농경을 시작한 이래 가장 큰 도움을 받고 있는 동물이지요. 햇빛에 유독 약한 지렁이는 땅속에 숨은 채로 먹이 활동을 해나갑니다. 지렁이가 땅을 헤집고 다니는 덕분에 땅이 부드러워져 식물이 튼튼하게 뿌리를 내릴 수 있답니다. 먹이를 찾기 위한 지렁이의 몸짓은 이처럼 땅과 식물들에게 더없는 이익이 되지요. 공기가 잘 통하는 효과도 있어서 흙을 비옥하게 만들어 주는 미생물들이 번식하기 좋은 환경이 되지요. 심지어 먹어치우는 먹이조차도 온통 식물에게 해가 되는 것들뿐이랍니다. 이렇게나 유익한 동물인 지렁이를 비단 생김새만으로 무시해서는 안 될 일입니다.

우리 곁에도 지렁이와 같은 존재가 있습니다. 그 존재로 말할 것 같으면, 자식에게 무엇이든 양보하기 위해 일부러 어두운 곳으로 발길을 향합니다. 상황이 여의치 않을 때면 심장이 5개인 지렁이처럼 몸이 부서지도록 열심히 일을 하지요. 아무런 관심을 주지 않아도 묵묵히 할 일을 하는 이 위대한 존재는 바로 자식을 뒷바라지하는 '부모님'입니다. 우리는 그들로부터 송구스러울 만큼 헌신적인 사랑을 받지요. 이를 통해 비옥한 땅의 영양분을 얻어 걱정 없이 자랄 수 있었던 것입니다. 그렇기에 우리는 더더욱 강인해져야 합니다. 자식이 힘이 없거나 눈물을 흘리면 부모님은 자식보다 더 크게 아파하고 힘드실 것이기 때문입니다. 우리는 오직 성장에 집중하며 꽃 한 송이를 피워내어 부모님께 기쁨을 드리고, 그늘을 만들어 드림으로써 자식 된 최소한의 도리를 해야겠습니다.

#효도 #부모 #은혜

사냥의 승패를 결정짓는 요인
아프리카들개 African wild dog [포유류]

아프리카들개는 자신보다 몇 배나 큰 초식동물들을 사냥합니다. 이러한 사냥을 가능하게 하는 비결은 들개의 우수한 조직력에 있지요. 뉴사우스웨일스대 네일 요르단 교수팀의 연구에 따르면 들개들은 일종의 '투표'를 실시하여 조직력을 굳건히 합니다. 사냥에 나서기 전 '재채기'를 이용해 사냥 여부를 민주적으로 결정하는데요. 보통은 재채기가 10번이 넘으면 다수결로 인해 사냥이 결정된다고 합니다. 다만 무리의 우두머리가 가진 영향력도 무시할 수 없어서 가끔은 투표의 결과와 다른 선택을 내리기도 하지요. 민주적인 결정과 더불어 다수결이 가지는 군중심리의 폐해를 보완하는 방법으로 우두머리의 결정을 따르기도 하는 들개가 존경스러울 따름입니다.

들개와 같이 민주적인 태도는 수없이 강조해도 모자라지 않습니다. 개인적인 문제를 떠나 사회적인 개선을 위해 필히 실천되어야 하지요. 마냥 멀게만 느껴지는 사회 속의 문제라도 언제 어떻게 우리에게 나비효과가 되어 돌아올지 모르는 일입니다. 우리는 아직도 사회 속에서 민주주의가 짓밟히는 모습을 자주 목격합니다. 권력이 능력으로 모두 환산되는 것이 아닌데도 우두머리들의 갑질은 좀처럼 그칠 줄을 모르지요. 혼자만의 힘으로는 절대 민주주의를 쟁취할 수 없습니다. 참을 수 없는 재채기처럼 밖으로 표출되도록 모두가 자발적으로 민주주의를 도모하는 사회가 된다면 참 좋겠습니다.

#민주주의 #군중심리 #다수결

나눌수록 배가 되는 것
플라나리아 Planarian [편형동물]

플라나리아는 몸이 백 등분에 가깝게 잘려나가도 조각난 부분들이 모두 독립적인 개체로 자라나는 초월적인 재생력을 가진 동물입니다. 머리가 공평하게 잘려나가면 기억도 복사되지요. 놀라운 사실은 인간들도 플라나리아와 같은 복제 능력을 가지고 있다는 것입니다. 이 능력은 주로 다른 사람들에게 무조건적으로 선행을 베풀 때 발휘되는데요. 분명 가진 것을 반으로 내어줬는데도 기쁨이 배가 되는 현상이 일어납니다. 많은 사람들에게 나누어줄수록 기쁨은 거듭하여 늘어나지요. 따뜻한 추억들도 잊히지 않고 모두의 마음속에 평생의 온기로 남게 됩니다.

정감 어린 눈빛과 말 한마디로도 충분한 온기가 전해지는 '칭찬'도 봉사만큼의 가치를 가지지요. 선행은 그 자체만으로도 아주 의미 있는 행동입니다. 다만 1급수에 사는 플라나리아처럼 순수한 마음을 바탕으로 한 행동이 진정 당신에게 행복을 가져다준다는 점을 유념했으면 좋겠습니다.

#나눔 #보람 #선행 #칭찬

대화의 기술
앵무새 Parrot [조류]

앵무새는 화려한 깃털만큼이나 똑똑한 말재간으로 많은 이들에게 사랑을 받습니다. 인간과 비슷한 발성 기관과 유연한 혀를 이용하여 말을 따라 할 뿐만 아니라 다양한 소리들까지도 똑같이 복사해내지요. 유아 수준의 영리한 지능을 가지고 있어서 훈련하기에 따라 가벼운 의사소통도 가능하답니다. 우리는 이러한 앵무새에게서 대화의 비법을 전수받아보려고 합니다.

토씨 하나 틀리지 않고 말을 그대로 따라 하는 앵무새는 '경청'의 대가인데요. 성공적인 대화를 위해 가장 필요한 건 바로 앵무새처럼 경청하는 태도입니다. 심혈을 기울여 상대방의 의견을 들어줌으로써 동의 여부를 떠나 충분히 수렴했음을 알릴 필요가 있지요. 별다른 기교 없이 상대방의 의견을 되묻기만 하여도 대화의 분위기를 한껏 좋게 할 수 있답니다. 이에 더해 상대방에게 궁금한 점들을 적극적으로 물어보면 대화의 맥락을 파악하는 동시에 논제에 대한 훌륭한 호응을 보일 수 있지요. 그렇게 충분한 경청과 호응을 하고 나서 조심스레 당신의 의견을 주장하면 거부감 없이 대화를 진행할 수가 있습니다. 경청은 단순히 유대감을 형성하기 위한 수단이 아닙니다. 상대방에 대한 파악을 쉽게 하고, 본질에 대한 쌍방적인 접근과 심도 있는 고민을 가능케 하는 앵무새의 일급 비법입니다.

#경청 #호응 #대화

봉사의 가치

개복치 Sunfish [어류]

개복치는 몸집이 약 3~4미터에 이르고, 무게는 1톤에 달하지만 의외로 사냥엔 전혀 두각을 나타내지 않습니다. 꼬리지느러미는 골판을 가진 거대한 키지느러미로 변형되어 헤엄치는 속도도 매우 느리지요. 무려 3억 개에 달하는 알을 낳지만 성체로 자라는 것은 한두 마리에 불과합니다. 이렇게만 보면 개복치는 정말 무능하기 짝이 없는 물고기지요. 그러나 개복치는 바닷속 친구들에게 '의사'로서 대접을 받습니다. 개복치의 거칠고 질긴 피부는 물고기들의 몸에 붙은 기생충을 떨어뜨리는 데 특효약이기 때문입니다. 움직임도 워낙 느린 탓에 몸을 비비기도 쉽지요. 심지어는 개복치의 몸에서 감염 부위를 치료하는 항생물질도 나온답니다. 정작 개복치 자신은 수많은 기생충들을 달고 살지만요. 이렇듯 남을 돕는 데서 나오는 보람이 개복치가 20년이라는 긴 세월(어류 기준)을 살 수 있는 원동력이 아닌가도 싶습니다.

누군가에게 도움을 주고 느끼는 보람은 우리를 행복하게 만듭니다. 하지만 도움을 주기 위해선 무언가 뛰어나야 한다는 생각에 도와주기를 망설이는 이들도 적지 않지요. 사랑을 주지 못할 만큼 가난한 사람은 없고, 반대로 사랑을 받지 않아도 될 만큼 부유한 사람도 없다는 말이 있습니다. 개복치처럼 그저 가만히 곁에 있어줄 사람이 절실한 이들도 많지요. 스스로 생각하기에 아무리 못났을지라도 그런 당신의 도움을 최고라고 생각하는 이들이 어딘가에 존재합니다. 때론 당신의 곁에 있기도 하고, 무심코 스쳐 지나가는 곳에도 구석구석 존재하지요. 그들은 도움을 요청하는 것을 부끄럽게 생각하기도 합니다. 도움이 필요하지만 쉽게 입 밖으로 내지 못하는 사람들에게 따뜻한 도움의 손길을 먼저 내미는 당신이 되어 주세요.

#봉사 #관심 #애정

빨리 갈 것인가, 멀리 갈 것인가
기러기 Wild goose [조류]

대표적인 철새인 기러기는 겨울철이 되면 먹이를 찾아 먼 거리를 이동합니다. 이때 기러기가 V자를 이루고 편대비행을 하는 것은 너무나도 유명하지요. V자 대형을 이루면 혼자 날 때보다 공기 저항이 줄어들며 동일한 에너지로 훨씬 먼 거리를 이동할 수 있습니다. 이는 앞선 대열의 기러기로부터 발생하는 상승기류를 이용한 덕분이기도 하지요. 더불어 시야를 확보하려는 목적으로 V자가 조금 기울어진 형태를 띤다고 합니다.

대열의 선두에 위치한 기러기는 얼마나 영리하고 강인한 걸까요? 사실 맨 앞자리는 어떠한 기준 없이 그저 우연치 않게 떠밀린 기러기가 자리 잡게 된다고 합니다. 그럼에도 불구하고 선두의 기러기가 불평 없이 최선을 다하는 덕에 무리의 에너지가 70%나 절약되지요. 오랜 비행에 지쳐서 선두를 감당하지 못할 것 같으면 조심스레 대열의 맨 뒤로 이동합니다. 공석이 생기면 자연스레 바로 뒤의 기러기가 빈자리를 채우며 여정을 이어 나가지요. 누가 더하고 누가 덜하는 것 없이 모두가 자신의 역할에 순응하는 책임감과 단결력이 초월적인 비행을 가능케 합니다. 혼자 가면 빨리 갈 수 있지만 함께 가면 멀리 갈 수 있다는 사실을 명심하세요.

#책임 #협동 #유대감

소통과 위험은 반비례한다
프레리도그 Prairie dog [포유류]

땅굴 속에서 수백 마리가 질서정연하게 모여 사는 동물은 개미만이 아닙니다. 프레리도그의 굴은 오히려 개미집보다 더한 구성을 갖추었지요. 먹이 창고는 물론이고 화장실, 육아실, 홍수에 대비하는 긴급 피난실까지 인간들의 집에 비견될 만큼 알찬 구조를 자랑합니다. 웬만한 단결력으론 이만한 규모의 집을 짓기 어렵지요. 프레리도그의 뛰어난 사회성과 단결력은 텍사스 지방에서 4억 마리를 수용하는 규모의 땅굴 도시가 발견됨으로써 증명된 바 있습니다. 이렇듯 걸출한 단결력을 형성하는 데엔 정교한 언어 체계의 공이 컸지요. 프레리도그의 언어 체계는 천적을 종류별로 다른 울음소리로 경고하며 그 생김새마저 대강 구분할 정도입니다. '언어'와 그로 인해 견고해진 '무리'의 위대함을 새삼 실감할 수 있는 좋은 예이지요.

개체가 많은 수의 집단에 속하게 되면 그만큼 많은 적응을 필요로 하기에 상당한 스트레스를 받게 됩니다. 하지만 단점이 있으면 장점도 있기 마련이지요. 비록 수많은 관계 속에 머리가 복잡하겠지만 집단 속에서 맡은 역할에만 충실하다면 적은 노력으로도 집단의 힘을 고스란히 누릴 수 있습니다. 집단이기에 수집이 가능한 수많은 정보들을 토대로 자신의 문제점을 발견하고 고치거나 앞으로 닥칠 위험을 예견하고 대비할 수 있지요. 또한 집단만의 은어를 습득하고 나면 일반적으로 접하기 힘든 고급 정보들을 다루는 것이 가능해지므로 성장을 가속화하게 됩니다. 다양한 집단에 적응하며 여러 가지 은어들을 섭렵했다면 당신에게 있어 천적은 없는 거나 마찬가지입니다. 정보량과 위험률은 대부분 반비례하는 법이니까요.

#협동 #의사소통 #스트레스

얼룩말의 진짜 색깔

얼룩말 Zebra [포유류]

얼룩말은 아프리카에서 흔히 볼 수 있는 동물입니다. 많게는 몇 천 마리가 한 무리를 이루어서 다니기도 하기에 쉽게 찾아볼 수 있는 한편, 저마다 모두 다른 모양의 독특한 줄무늬를 가지고 있지요. 이러한 특성은 아프리카의 수많은 포식자들로부터 살아남는 데 아주 중요한 역할을 합니다. 얼룩말 무리는 포식자를 상대할 때 엉덩이를 밖으로 하여 큰 원을 형성하여 서로를 보호합니다. 그럼에도 포식자들이 다가오면 뒷발차기로 저항을 하지요. 해충들에게 착시로 인한 혼란을 주기 위해 생겼다는 얼룩말의 줄무늬 또한 무리를 이루게 되면 맹수들에게도 커다란 혼란을 줍니다. 줄무늬가 이어져 보이면서 무리의 수를 파악하기 힘들게 할뿐더러 마치 엄청난 크기의 동물처럼 보이는 효과가 있지요.

이처럼 다수의 힘은 위대합니다. 혼자로서는 도저히 불가능한 일들이 그저 '함께'함으로써 극복이 가능해지지요. 든든한 무리와 함께라면 맹수에게 가만히 당하진 않는답니다. 다수가 함께하기 위해선 한 가지 목표만이라도 온전히 통일이 가능해야 합니다. 서로가 같은 목표라야 유대감을 느끼며 도움을 주고받는 관계로 발전할 수 있지요. 실제 얼룩말의 피부는 검은색이지만 그 위에 털이 자라나서 줄무늬를 띤다고 합니다. 당신도 진정한 '같이'의 '가치'를 깨닫는다면, 자연스레 마음속에 서로에 대한 배려심이 자라나며 적응이 수월해질 것입니다.

#공생 #배려 #집단

아버지의 가시

가시고기 Chinese ninespine stickleback [어류]

가시고기는 이름처럼 예리한 모양새를 가졌지만 자식을 위한 고생에는 한없이 무딘 삶을 살아갑니다. 가시고기 수컷은 제일 먼저 알을 낳고 기르기 위한 안락한 둥지를 만들기 시작합니다. 작은 몸을 아끼지 않고 열심히 부대끼며 모래나 진흙을 파내고 지반을 평평하게 다진 뒤에 수초를 깔아줍니다. 작업이 끝나면 이내 암컷이 찾아와 교미를 나눕니다. 불행하게도 암컷은 알을 낳고 얼마 되지 않아 죽음을 맞이하지요. 홀로 남겨진 수컷의 역할은 보다 험난해지고 막중해집니다. 수컷은 새끼가 부화할 때까지 밤낮을 지새우며 알을 지킵니다. 수컷이 부지런히 지느러미로 둥지 주변의 물을 활발히 순환하여 태어날 새끼들에게 원활하게 산소가 공급되지요. 그렇게 새끼들이 부화할 시기가 다가오면 야속한 운명은 암컷으로도 모자라 수컷마저 죽음으로 몰고 갑니다. 얼마 뒤에 갓 태어난 새끼들은 수컷의 사체를 소중한 영양분으로 삼지요. 가시고기의 눈물겨운 양육 이야기는 이렇게 끝이 납니다.

온 힘을 다해 새끼들을 낳고 유명을 달리했던 암컷의 공로는 충분히 높이 살 만한 가치가 있습니다. 수컷도 이러한 암컷의 희생에 힘입어 새끼들을 위해 제 한 몸 또한 다 바치리라 다짐하지요. 하지만 암컷과 달리 부화의 전 과정에서 이루어진 수컷의 헌신은 어느 누구도 알아주지 않기에 상상할 수 없는 안타까움이 더해집니다. 한 가지 더 안타까운 사실은 우리들의 아버지 또한 현재 수컷 가시고기와 같은 신세에

처했다는 것입니다. 뱃속에서부터 꾸준히 친근함을 유지하는 어머니와는 달리 먼발치에서 서성거리며 우리를 든든하게 지켜주시는 아버지에겐 약간의 거리감이 존재하지요. 나이가 들어감에 따라 아버지의 가시는 더욱 날카로워져 다가가기가 힘들게 됩니다. 가족을 향한 아버지의 헌신을 알고 있다면 마찬가지로 조건 없이 아버지에게 다가가세요. 아버지의 모든 가시는 당신을 지키기 위한 것이었음을 깨닫고 이제는 아버지의 손을 잡아주세요.

#부모 #사랑 #보은

우정은 최고의 면역력이다
말미잘과 흰동가리 Sea anemone & Clownfish
[자포동물], [어류]

바닷속의 우정 이야기를 논하자면 절대 빼놓을 수 없는 두 주인공이 있습니다. 바로 말미잘과 흰동가리인데요. 말미잘은 주로 바닥에 붙어 살며 촉수의 독을 이용하여 먹잇감을 사냥하는 자포동물입니다. 하지만 흰동가리는 말미잘의 독이 무색할 만큼 말미잘의 주변을 자유롭게 서성거리지요. 심지어는 어릴 적인 치어 때부터 말미잘 속에서 문제없이 살아갑니다. 이는 흰동가리의 몸에서 분비되는 다량의 점액질 때문에 말미잘의 독이 침투하지 못하는 덕분인데요. 흰동가리는 이러한 특성을 잘 이용하여 천적을 피해 말미잘의 몸에 숨어버리거나 알을 낳기도 한답니다. 간혹 이러한 말미잘의 은혜에 보답하려는 듯 먹이를 유인하거나 물어다 주기도 하지요. 항문이 없어 음식물 찌꺼기를 배출하지 못하는 말미잘의 고충을 알고선 직접 찌꺼기를 떼며 청소도 해줍니다. 과연 바다의 죽마고우답네요.

진실한 우정이란 바로 이런 것이 아닐까요. 서로에 대한 끈끈한 신뢰를 바탕으로 아무리 힘들어도 문제없이 극복해 나가고, 모진 세상살이 속에 지칠 때면 서로가 서로의 피난처가 되어 주기도 하는 관계말이지요. 가족들에게도 말 못하는 인생의 짐들을 잠시나마 훌훌 털어버릴 수 있는 유일한 존재가 바로 친구일 것입니다. 몸이 멀어지면 마음도 멀어진다고 하였습니다. 비록 분주한 일상이지만 조금이나마 틈을 내어 우정을 나누는 시간을 갖도록 하세요.

#우정 #신의 #위로

리더의 역할
늑대 Wolf [포유류]

흔히 알려진 늑대의 모습은 홀로 낭떠러지 끝에 서서 달빛을 배경으로 호소력 짙은 울음을 내뱉는 장면일 것입니다. 하지만 실제로 늑대는 절대 혼자 다니지 않습니다. 목놓아 울음을 우는 이유도 동족들과 의사소통을 하기 위함이지요. 보통 핵가족 단위로 뭉쳐 사는 늑대는 한 쌍의 부부가 각각 사냥과 육아를 담당하며 무리를 이끕니다. 어느 한 쪽이 죽게 되면 남은 늑대가 모든 역할을 담당하지요. 도저히 감당하기 어려운 경우에 한하여 차선책으로 재혼을 한답니다. 가족애가 남다른 늑대는 재혼을 하더라도 새끼들을 꾸준히 챙기지요.

늑대의 친척인 개는 인간들과 함께 살며 가축이 되었지만, 늑대는 북반구 대부분의 지역을 성공적으로 점령해냈습니다. 이러한 늑대의 뛰어난 적응력은 무리를 효율적으로 이끄는 우두머리 늑대의 리더십 덕분이라고 해도 과언이 아니지요. 늑대들은 우두머리의 판단에 따라 사냥부터 육아에 이르는 역할들을 각자 체계적으로 분담합니다. 우두머리는 통찰력 깊은 지휘로 쉴 새 없이 무리를 조율하지요. 구성원들 간의 사적인 감정에 휘둘리지 않고 명확하게 사리를 분별하여 규율을 명령합니다. 다소 정 없이 투박한 느낌이 있더라도 무리의 존립을 위해선 어쩔 수 없이 냉정함을 발휘해야만 하는 리더의 역할을 보여주지요.

#리더십 #책임 #협동

절제된 우아함
고니 Swan [조류]

고니는 오리의 가까운 친척입니다. 백조라고도 불리며 고상한 자태에 걸맞게 우아한 사랑을 영위하지요. 수컷이 오로지 한 마리의 암컷과만 일생을 함께한답니다. 이러한 일부일처제의 특성 때문에 백년해로를 상징하는 동물로도 종종 손꼽히지요. 거의 온종일을 서로가 다정다감하게 붙어 지낸답니다. 자신들의 영역에 대한 애착 또한 상당한지라 자칫 부부의 영역을 침범했다가는 크게 혼이 날 수 있습니다. 사랑을 유지하기 위해선 외부에 대한 경계를 철저히 해야 한다는 고니만의 사랑의 법칙이랄까요.

다른 사람들에게 시선을 돌리다 보면 각자의 환경을 비교하게 되기에 문제가 되는 것이지요. 이러한 열등감이 서로에게 전가되어버리면 사랑에는 서서히 금이 가기 시작합니다. 충분한 사랑을 받고 있음에도 불구하고 무의식중에 사랑의 조건들이 우후죽순 생겨나면서 순수한 사랑을 하기가 힘들어지지요. 그렇기에 조건 없는 사랑을 위해선 절제라는 조건이 필요합니다.

백조는 어렸을 때 회색 잿빛의 몸을 가집니다. 그렇지만 자라면서 털갈이를 하며 점점 하얘지지요. 마찬가지로 처음에는 다양한 부정적 관념들에 휩싸여 잿빛과 같은 사랑을 했더라도 이를 벗어버리고자 노력한다면 머지않아 순수한 사랑을 이루어 나갈 수 있을 것입니다.

#절제 #비교 #사랑

주머니는 언제든 열려 있다
캥거루 Kangaroo [포유류]

호주에만 살고 심지어 호주의 국민들보다도 수가 많은 호주의 터줏대감 캥거루. 그만큼 인기도 많은 캥거루는 사람들의 관심을 모두 주워 담기 위해서인지 배에 커다란 주머니가 달려 있습니다. 이른바 육아낭이라고 하는 주머니는 미숙하게 태어나는 캥거루 새끼의 따뜻한 보금자리가 되어 주지요. 캥거루는 다른 포유류들과 달리 태반(태아를 보호하고 영양 공급, 노폐물 배출 등을 돕는 막)이 발달하지 않아 육아낭을 이용해 새끼를 기릅니다. 새끼는 임신 후 채 한 달도 안 되어 자궁에서 나와 주머니까지 능숙히 기어 올라가지요. 이때 새끼의 몸집은 불과 2.5cm에 무게도 1~2g밖에 나가지 않습니다. 서둘러 주머니에 안착하고 나면 네 개의 젖꼭지를 골라 뻘면서 약 일 년간의 성장을 거치지요. 그 뒤로도 얼마 동안은 주머니를 들락날락하며 영양소를 보충하거나 천적의 위협으로부터 몸을 피한답니다.

우리 인간들은 태반 속에서 약 10달간의 성장을 거친 뒤 온전한 모습으로 세상에 나옵니다. 하지만 인지적, 사회적으로 어느 정도 성숙하기까지는 부모의 지대한 관심 속에서 살아가게 되지요. 어떻게 보면 우리도 마찬가지로 부모님의 육아낭을 드나드는 것 같습니다. 어른이 되어서도 드나들며 이따금씩 부모님의 조언을 먹고 살지요. 자신이 보기엔 충분히 자립이 가능해도 부모님이 보시기에 우리는 언제나 어설픈 어린아이이니까요. 부모님은 우리보다 한참 먼저 삶의 여정을 떠났던

만큼 뒤늦게 따라가는 우리가 삶의 갈림길에 다다를 때마다 다양한 조언들을 전해줍니다. 물론 부모님이라고 해서 항상 현명한 답을 제시할리야 없겠지만 그분들께 가지는 무한한 신뢰감이 우리에겐 크나큰 정신적 위안을 줍니다. 부모님의 육아낭은 언제나 당신을 향해 열려 있습니다. 부디 부모님의 허전함을 해소해주는 동시에 지금의 당신에게 필요한 인생의 자양분을 얻으십시오.

#효도 #부모 #자립

키다리 아저씨

기린 Giraffe [포유류]

기린은 5미터에 육박하는 큰 키를 이용하여 다른 초식동물들의 키다리 아저씨가 되어 줍니다. 높이 볼 수 있는 만큼 시야도 매우 넓어서 포식자들의 위협을 누구보다 빨리 포착하지요. 때문에 초식동물들은 기린의 주변에 머물며 부지런히 따라다닌답니다. 오로지 기린의 행동만을 주시하지요. 이렇듯 구원자 역할을 하는 기린이지만 정작 자신은 고혈압으로부터 자유롭지 못합니다. 심장에서 긴 목을 거슬러 머리까지 피를 끌어올리기 위해 혈압이 높기 때문이지요. 고개를 잘못 가누게 되면 뇌졸중에 걸릴 위험이 있어서 물을 마실 때도 다리를 벌려 최대한 자세를 낮춘답니다. 물론 특수한 혈관 구조 덕분에 갑자기 고개를 들었다 내려도 심한 뇌졸중에 걸리지는 않지만요.

기린과 같이 자신의 특기를 발휘하여 다른 이들의 위험을 막아주는 일은 평범해 보였던 장점을 영웅적인 능력으로 만들어 줍니다. 나의 특별할 것 없는 행동이 누군가에게 더없는 선물이 되어 준다면 얼마나 뿌듯할까요. 하지만 이러한 성취감에 젖어 간과하는 사실들도 있기 마련입니다. 먼저 베푸는 데 있어서 겸손해야 합니다. 기린이 물을 마실 때처럼 조심스러운 태도로 도움 받는 이의 애로사항이 무엇인지 정확하게 파악해야 하지요. 봉사자의 주관적인 생각에만 의존하여 봉사를 하게 되면 아무런 효과도 없을뿐더러 오히려 의도치 않은 상처를 주게됩니다. 주는 이와 받는 이의 호흡이 맞아야만 비로소 진정한 나눔이 되는 것이지요.

이 밖에도 나눔의 의미를 망가뜨리는 원인은 한 가지가 더 있습니다. 바로 '봉사'를 '의무'라고 생각하는 태도입니다. 봉사를 의무로써 임하면 봉사하는 과정에 있어 보람과 열정을 느끼기가 힘듭니다. 또한 도움을 주는 역할에만 얽매여 정작 당신이 도움이 필요할 때에 아무런 내색을 하지 않게 됩니다. 남에게 도움을 얼마나 주었느냐를 떠나서 스스로가 힘들 때는 적극적으로 도움을 받을 줄도 알아야 합니다. 당신뿐만 아니라 다른 이들에게도 보람을 느끼게 해주는 권리를 선물하는 것이라 생각하고 기꺼이 도움을 구하세요.

#봉사 #겸손 #태도

뭉치면 살고 흩어지면 죽는다
수달 Otter [포유류]

수달은 누가 보아도 물에서 살 것 같은 빼어난 몸매의 소유자입니다. 그렇지만 포유류이기 때문에 숨을 쉬려면 물 밖으로 나와야만 하지요. 잠을 잘 때도 물 위에 떠서 휴식을 취합니다. 가족들의 손을 꼭 잡고서 말이지요. 그만큼 서로에 대한 애정이 각별한지는 모르겠습니다. 분명한 것은 강한 물살에 떠내려가지 않기 위해, 그리고 뿔뿔이 헤어지지 않기 위해 손을 잡는다는 사실이지요.

삶의 커다란 물결이 우리를 덮칠 때가 있습니다. 그럴 때마다 힘이 되어 주는 건 무엇보다 가족들이지요. 설사 떠내려가더라도 꼭 잡은 두 손으로 인해 가족들이 함께 버티기에 완전히 가라앉지 않을 수 있습니다. 가족의 소중함은 평소엔 희미해 보이다가도 어려울 때일수록 빛을 발하지요. 언제 닥칠지 모르는 거친 물살에 대비하려면 되도록 가족들에게 소홀해지는 일이 없어야겠습니다.

#가족 #애정 #관심

피를 토해서라도 내어 주는 것, 은혜
흡혈박쥐 Vampire bat [포유류]

흡혈박쥐는 몸집이 작아도 피를 빤다는 이유만으로 충분한 공포심을 불러일으킵니다. 전체 1000종류의 박쥐 중에 흡혈박쥐가 단 3종에 불과하다는 사실이 고맙게 느껴질 정도로 말이지요. 우리의 공포심과는 다르게 흡혈박쥐가 피를 빠는 모습은 의외로 신사적입니다. 오직 먹잇감이 편하게 잠들었을 때만을 노려 슬금슬금 기어가서 흡혈을 하지요. 이빨로 피부를 약간 베어내는 동시에 피가 굳는 것을 막는 항응고물질을 분비한답니다. 그렇게 만반의 준비를 마치고 나면 본격적으로 피를 빨기 시작하지요. 덩치는 작지만 대식가인 흡혈박쥐는 자신의 몸무게의 반이 넘는 양의 피를 문제없이 먹어 치웁니다. 하지만 그만큼 허기도 쉽게 지는 바람에 사냥에 실패할 때면 동료들이 너나없이 앞장서서 피를 나누어 주지요. 도움을 받은 박쥐는 은혜를 잊지 않고 나중에 꼭 갚아줍니다.

보통 사람들은 무언가 보상을 바라고 은혜를 베풀지 않습니다. 그저 받는 이에게 자그마한 응원이라도 되었으면 하는 마음에서 선뜻 도움을 줄 뿐이지요. 하지만 받는 이의 입장에서는 마음 한편에 미안한 감이 떠나질 않습니다. 물론 흡혈박쥐처럼 은혜를 잊지 않는 태도는 중요합니다. 은혜를 되갚음으로써 은인에게 자신이 괄목할 만한 성장을 이루어냈음을 증명하는 계기가 될 수도 있지요. 더불어 은인과 보다 두터운 신뢰 관계를 형성할 수도 있습니다. 무엇보다 중요한 건 이를 계기로 당신의 맘속에 다른 이를 돕고자 하는 마음이 싹틀 수 있다는 점이 아닐까요.

#은혜 #공생 #신뢰

후회 없는 사랑을 위해

바우어새 Bower bird [조류]

이보다 섬세하고 극진한 프러포즈를 하는 새가 있을까요. 일명 '정원사 새'라고도 불리는 바우어새의 수컷은 암컷의 마음을 사로잡기 위해 작은 '미술관'을 짓습니다. 곤충의 껍질이나 작은 열매, 돌과 나뭇잎

등을 이용하여 하나의 예술품을 조형하지요. 작품이 모두 완성되면 암컷을 불러 심사를 부탁합니다. 암컷은 나름 엄격한 심사를 거치는데요. 만족할 만한 결과가 나오면 울음소리로 화답하고 맘에 안 들면 곧바로 자리를 떠납니다. 여기까지만 보면 수컷이 매우 측은해 보이지만 구애에 성공한 수컷은 상황이 역전됩니다. 짝짓기를 성공하기가 바쁘게 애정이 식어버린 수컷은 평생 사랑할 것만 같던 암컷과 새끼들에게 무관심한 태도를 보이는데요. 이내 모든 양육은 암컷의 몫으로 돌아가버립니다. 암컷이 구애가 아닌 구속을 받아들인 것 같은 착각을 일으키지요. 현란한 프러포즈에 현혹되어 수컷의 초라한 책임감을 보지 못한게 비극의 도화선이겠습니다.

바우어새의 사례를 보아 알듯이 청혼에 있어서는 신중한 태도를 가져야 합니다. 단순히 감정에 이끌려 결혼을 속단해버리면 후일에 예상치 못한 문제들을 감내해야 하지요. 감정적인 원인이 아닌 다양한 사회적 관습에 이끌려 결혼하는 경우도 다반사입니다. 무엇보다 상대방의 구애 활동은 이성적인 판단을 흐리게 하는데 큰 원인을 제공하지요. 구애 활동을 탓하려는 뜻은 아닙니다. 적극적인 구애는 결혼 생활 중에 찾아오는 권태를 예방하고 쉽게 이겨낼 수 있도록 도와주지요. 문제는 이러한 구애 능력이 결혼 생활에 필요한 다른 능력들을 왜곡시켜 보이게 한다는 점입니다. 서로를 한결같이 사랑할 열정과 결혼에 대한 책임감, 그것도 억지가 아닌 진심에서 우러나오는 책임이 있어야만 안정적인 결혼 생활이 가능하지요. 이를 위해선 결혼을 결정하기 이전에 충분한 시간을 가지고 서로를 알아가려는 노력이 필요합니다. 시간이 지날수록 사랑의 콩깍지가 벗겨지며 솔직한 서로의 모습이 보이겠지요. 지금 인내심을 발휘해야만 나중에 쓸데없는 인내심을 발휘할 일이 없을 것입니다.

#결혼 #권태 #책임 #이해

외로움과 고독

워싱턴 고래연구소와 엑세터대의 합동 연구진은 범고래 76마리를 40년간 관찰한 결과 사회성이 수명에 커다란 영향을 미칠 수 있다는 사실을 밝혀냈습니다. 그 이유인즉슨, 사회성이 뛰어날수록 먹이에 대한 정보를 얻기 쉬우며 먹이를 얻지 못해도 다른 개체들이 먹이를 나누어 주기에 오래 생존할 확률이 크다는 것이지요. 다만 덩치가 작아 먹이의 양에 덜 민감한 암컷 범고래는 사회성이 부족해도 큰 영향을 받지 않았다고 합니다.

우리는 종종 '외로움'과 '고독'을 구별하는 데 어려움을 느낍니다. 모두 혼자 있기는 마찬가지라지만 상황의 주체성에 따른 차이가 있지요. 외로움은 무기력한 채로 힘없이 있는 것인데 반해 고독은 스스로 가져올 수도 있기 때문입니다. 사회에 몸을 담다 보면 인간관계가 포화상태에 이르러 몸도 마음도 지치는 경우가 허다합니다. 이러한 생활방식이 몸에 배다 보니 억지로라도 관계를 유지하려는 습관을 가지게 되지요. 하지만 관계란 절대 강요되는 것이 아님을 인식해야 합니다. 혼자서도 충분히 행복을 추구할 수 있다면 과감히 고독을 자처할 필요가 있습니다. 오히려 이러한 고독이 수명을 연장시키는 역설을 일으키지요. 틈틈이 고독을 즐기며 관계의 주체는 언제나 자신임을 잊지 말아야 할 것입니다.

지구 선배들의 가르침 6

화이부동
(和而不同)

관계를 유지하되
관념마저 빼앗기지는 않는 법

가시를 세워야만 할 때
고슴도치 Hedgehog [포유류]

고슴도치는 뱀이 유독 상대하기 꺼려하는 동물입니다. 고슴도치는 뱀을 만나면 몸을 웅크린 채로 가만히 있는데요. 뱀은 이때다 싶어 공격을 시도해 보지만 온몸을 뒤덮은 고슴도치의 수많은 가시들에 되레 당하게 된답니다. 사냥에 성공했다한들 삼키는 것이 불가능하지요. 이 때문에 역으로 고슴도치에게 사냥 당하는 뱀들이 훨씬 많답니다.

날카로운 가시는 뱀뿐만이 아니라 같은 고슴도치들에게도 위험할 수 있습니다. 하지만 놀랍게도 고슴도치들은 서로가 몸을 맞대며 무리를 지어 어울리지요. 이는 가시를 마음대로 세우고 눕히는 능력 덕분입니다. 경계해야 하는 상황엔 가시를 빳빳하게 세우지만 안락하다고 느껴질 땐 가시를 드러눕히지요. 사무적인 관계에서도 이러한 경계심을 잘 이용하면 좋은 효과를 볼 수 있습니다. 보통은 맡은 일에만 충실하기 위해 혹은 직책에 따른 수직적인 관계를 유지하려는 이유로 엄숙한 분위기를 지향합니다. 그렇지만 지나친 경계를 유발하는 환경은 도리어 전체적인 업무 효율을 저해시키는 원인이 되지요.

마치 고슴도치가 움츠러드는 것처럼 정신적으로 경직이 되어 간단한 일조차도 하기가 힘들어집니다. 일에 대한 조언을 구하고 싶어도 날카롭게 돋친 가시 때문에 다른 이에게 다가가기가 꺼려지지요. 분위기를 완화하기 위해선 상사들이 앞장서야 합니다. 그들 스스로부터 수직적인 관계에서 비롯된 문제를 자각하고 권위주의를 버려야 합니다.

일의 방향을 결정하기 위한 최소한의 권리 이외에는 어떠한 명령이나 참견도 하면 안 됩니다. 설사 후임이 실수를 하더라도 비난이 아닌 비판과 격려로 대응해야 합니다. 만약 이러한 환경이 조성되지 않는다면 당신은 선택해야 합니다. 뱀에게 잡힌 듯 숨통을 조이는 구속된 삶을 살 것인지 아님 힘껏 가시를 곤두세워서 권위주의의 억압을 타파하고 자유를 누릴 것인지를 말입니다. 스스로에 대한 자신감이 충분한 만큼 가시는 단단히 곤두서게 되어 누군가가 함부로 당신의 자율성을 침해하지 못할 것입니다.

#부당함 #용기 #각성

감징싸움에만 머무르지 않으려면 먹물을 쏴라
오징어 Squid [연체동물]

심장은 3개, 다리는 무려 10개나 가지고 있는 동물이 있습니다. 마치 전설 속의 괴물을 의심케 하는 이 동물은 바로 오징어입니다. 대표적인 연체동물인 오징어는 아이러니하게도 신체 일부분이 늘어나는 것을 조심해야만 합니다. 그 이유인즉슨 뇌가 식도를 둘러싼 형태로 되어 있어서 자칫 큰 먹이를 삼키게 되면 뇌가 터져버릴 수 있기 때문입니다. 이러한 불상사를 막기 위해 오징어는 이빨을 이용하여 먹이를 조금씩 잘라 먹습니다.

이러한 오징어의 습성은 우리가 효과적인 언쟁을 벌이는데 있어서도 엄청난 노하우를 전수해줍니다. 마치 오징어가 먹이를 삼키기 쉽게 나누어 먹는 것처럼 서로가 이해하기 쉽게 요점만 정리하여 말하는 것이지요. 요구하는 바를 복잡하게 돌려 말하거나 상관없는 이야기들까지 끌어들이게 되면 듣는 이의 뇌가 견디지 못해 과부하가 되어버립니다. 요점만을 잘 주고받았다면 이제는 충분한 생각의 시간을 가져야 합니다. 자칫 정리되지 않은 생각을 툭 내뱉었다가는 대화의 초점이 흐려지기 쉽고 감정적인 충돌을 야기할 수 있습니다. 만약 대화에 점점 감정이 개입된다고 느껴지면 그 즉시 자리를 뜨는 것이 좋습니다. 오징어가 먹물을 쏜 뒤 혼란을 틈타 도망가는 것처럼 요령을 피워 서로의 시야를 돌려야 하지요. 더불어 오징어와 같이 유연한 사고방식을 가지면 상대방과의 합의점을 찾아내기가 보다 쉬울 것입니다.

#대화 #요점정리 #융통성

군중심리의 폐해
레밍 Lemming [포유류]

동화 〈피리 부는 소년〉에서 모티브를 할 만큼 레밍(나그네쥐)의 집단 자살은 오랫동안 알려져 온 유명한 미스터리입니다. 왕성한 번식력을 가진 레밍은 불과 수년 만에도 개체 수가 몇백 배까지 늘어나는 바람에 이따금씩 새로운 서식지를 찾아 이동을 합니다. 신기하게도 수많은 레밍들은 차분하게 직선 방향으로만 움직이지요. 혹여 낭떠러지를 만나더라도 개의치 않고 행군을 지속합니다. 종종 바다에 빠지기는 해도 수영을 할 수 있기에 별문제가 되지 않지요.

다만 심한 근시인 탓에 물의 유속과 수심을 측정하지 못하고 다짜고짜 물에 빠져버리는 탓에 집단적으로 죽음을 맞이하는 경우가 발생하지요. 레밍의 집단적인 죽음이 먹이의 부족과 그에 따른 개체 수를 조절하기 위한 자살이라는 것은 잘못된 사실이라고 합니다. 레밍은 충분한 먹이가 있음에도 불구하고 우연치 않게 집단적인 움직임이 형성되면 아무런 조건 없이 따라나서기 때문이지요. 낭떠러지에 다다르더라도 좋지 못한 시야와 강하게 자리 잡은 군중심리에 떠밀려 떨어지는 것입니다.

이 같은 비극을 맞이할 수 있는데도 우리기 군중심리에 이끌리는 이유는, 사람이 많은 만큼 겪게 되는 위험의 부담이 줄고 집단이 나의 이성을 대변해주어서 편리하기 때문입니다. 군중이 항상 옳진 않다는 것을 알면서도 일단 무리에 속하게 되면 점점 본인만의 이성이 힘을 잃게 되지요. 행동에 대한 자제력이 점점 약해집니다. 어느 순간 이를 알아차리고 무리를 벗어나려고 해도 이를 제지하려는 무리의 압박이 작용하지요. 무리를 벗어난다 한들 이미 몸에 배어버린 집단적 사고방식 때문에 주체적인 사고를 하기가 힘들 수 있습니다. 주체적 사고능력은 노력에 따라 어느 정도 회복이 가능하지만 이를 잃기 전에 미리 조심하는 것이 좋습니다. 사회생활을 위해 어쩔 수 없이 군중심리에 가세하더라도 항상 지켜보는 태도를 유지하십시오. 무리의 끝에서 가게 되면 뒤처지더라도 아무도 도와주지 않기에 여러모로 힘들겠지만 무리가 낭떠러지에 떨어지더라도 떠밀리지 않기에 발 빠르게 행동하면 최소한 목숨만은 건질 테니까요.

#군중심리 #위험 #자제력

갚지 않으면 갑갑해진다
까마귀 Crow [조류]

어두운 빛깔과 거북한 울음소리가 좋지 않은 느낌을 주어 불운의 상징이 되었던 까마귀. 사실 까마귀는 총명함의 상징이 되었어야 마땅합니다. 까치를 비롯한 까마귓과의 새들은 대부분이 매우 영리한 두뇌를 갖고 있기 때문이지요. 그 수준은 웬만한 영장류 동물에 달하는 정도입니다. 높은 지능을 바탕으로 도구를 사용하는 데에도 뛰어난 소질을 보이며 특히 기억력과 분별력에 두각을 나타냅니다. 이러한 능력 덕분에 까마귀는 간혹 복수를 일삼기도 하지요. 자신들에게 해를 가했던 사람들의 인상착의를 기억해뒀다가 기회를 노려 앙갚음을 했다는 사례가 실제로 존재한답니다.

원한은 또 다른 원한을 낳는다고도 합니다. 이러한 이유로 일말의 관용을 베풀어 복수의 굴레에서 벗어나려는 사람들도 많지요. 하지만 용서를 베풀었지만 왠지 모르게 자신은 후유증을 앓게 됩니다. 처음엔 스스로에 대해 대견함을 느낄지 모르지만 얼마 안 가 끝없는 원망과 자책 속에 눈물을 적시게 되지요. 사람 자체를 극도로 불신하여 심한 대인기피증을 겪게 될 수도 있습니다. 이를 예방하기 위해선 똑같이 되갚아 주진 못하더라도 최소한의 사과를 당당히 요구해야만 합니다. 물론 상대방은 마치 까마귀의 울음소리를 듣는 양 당신의 목소리를 무시할 것입니다. 절대 가해자들의 포장된 당당함에 속지 마세요. 부디 상처에 무뎌지지 말고 단호하게 요구하기 바랍니다. 혹여 사과 받지 못해도 마음의 짐은 언제나 가해자의 몫임을 명심하세요.

#복수 #원한 #용기

공과 사의 균형
두루미 Crane [조류]

동물들이 각자의 천적으로부터 몸을 지키는 방법은 매우 다양합니다. 두루미는 긴 다리를 이용하여 연못의 가운데에 서서 잠을 자지요. 그것도 한 다리로 말입니다. 예로부터 두루미가 고상함과 지조를 대표하는 동물로 여겨져 온 것도 바로 이런 이유에서이지요. 엄동설한의 차가운 물에서도 끄떡없이 장시간을 머문답니다. 그럼에도 불구하고 두루미는 동상에 걸리지 않는데요. 두루미의 몸통과 다리를 잇는 부분에는 '원더 네트(Wonder Net)'라는 특수한 혈관 구조가 있기 때문입니다. 상황에 맞게 혈액을 데우거나 식혀서 흘려보내는 역할을 하는 원더 네트 덕분에 동상을 방지할 수 있지요.

두루미처럼 균형 잡힌 삶을 살기란 쉬운 일이 아닙니다. 공적인 것들을 위해 사적인 영역을 내어 준지는 이미 오래이지요. 일상에 있어 동등해야만 하는 업무와 휴식의 비율은 끝내 한쪽이 압도하고 말았습니다. 살기 위해 일하던 것이 이제는 일하기 위해 사는 건지 착각을 불러일으킬 정도지요. 지금이야말로 우리에게 원더 네트가 필요한 순간입니다. 혈액의 온도를 변환하듯이 자신의 일에 대한 인식과 형태를 바꿈으로써 만족감을 높이는 것이지요. 예컨대 업무가 가지는 가치를 긍정적으로 재조명하여 불만을 잠재우고 보람을 느끼는가 하면, 좀 더 흥미롭게 업무의 형태를 개선하여 보는 것도 좋습니다. 물론 직급 등에 따른 제한이 많겠지만 업무 효율을 높이는 좋은 아이디어가 있다면 한 번 시도해보는 게 바람직하지요. 이 같은 방법을 '잡 크래프팅(Job Crafting)'이라고 합니다.

불가피하면 즐겨야 한다는 자칫 진부할 수 있는 철학을 따르지만, 이를 진보적으로 활용하는 것은 당신의 역량에 달렸습니다. 공과 사의 영역을 각각 확보하려는 노력마저도 사치로 여겨질 만큼 바쁜 사회입니다. 그러므로 더욱이 일을 개인적인 관점에서 재구성하려는 시도가 필요합니다. 그렇게 일의 영역을 개인화시켜 억지로라도 균형을 잡아주어야만 비로소 삶이 중심을 잃지 않을 테니까요.

#잡크래프팅 #효율성

남에게도 나에게도 치명적인 유혹, 치장
공작 Peacock [조류]

우리가 흔히 '공작' 하면 떠올리는 크고 화려한 깃의 공작은 수컷입니다. 암컷도 깃이 없진 않지만 수컷보다는 훨씬 작지요. 공작의 화려한 깃은 주로 짝짓기에 요긴하게 쓰입니다. 암컷들은 깃에서 뿜어져 나오는 아우라를 보고 맘에 드는 수컷을 고르지요. 하지만 짝짓기를 성공적으로 마친 수컷들은 상당히 위험한 대가를 치러야 합니다. 깃이 화려할수록 포식자들의 눈에 더욱 잘 띄기 때문인데요. 화려한 깃은 포식자들의 위협을 감당할 수 있을 만큼 강한 수컷이라는 증표인 셈입니다. 비슷하게나마 우리들도 화려하게 치장한 사람을 보면 무언가 긍정적인 에너지를 소유할 것이라는 고정관념을 가지곤 하지요. 필요에 따라서 이 점을 역으로 이용하여 치장만으로도 외향적인 이미지를 심어주는 것이 가능하답니다.

물론 깃털의 무게를 감당하기 힘들 정도로 지나친 치장은 나쁜 결과를 불러옵니다. 단순히 경제적인 부담을 떠나서 자신의 진실된 모습이 화려함 속에 묻혀버리게 되지요. 공작의 진짜 꼬리 깃털이 크고 화려한 '등' 깃털에 가려 전혀 보이지 않듯이 말입니다. 미에 대한 욕구는 쉽사리 채워지지 않습니다. 미의 기준은 시도 때도 없이 변하므로 이를 따라가기 위해선 그 수고가 만만치 않을 것입니다. 결국 유행의 꽁무니를 쫓다가 어느 순간 엄청난 자괴감과 세상과의 괴리감 속에 절망하게 되지요. 언젠가 닥칠 외모지상주의의 재앙을 막기 위해선 외적인 미의 기준을 바람직하게 정립하고 지켜 나가야 할 것입니다.

#외모 #욕망 #자괴감

영역 표시를 망설이지 마라

멧돼지 Wild boar [포유류]

동물들은 저마다 고유한 서식지를 지키기 위해 영역 표시를 합니다. 주로 자신의 오물을 이용해 표시를 내어 경고하지요. 멧돼지는 특이하게도 나무에 몸을 비벼서 껍질을 벗기고 부러뜨려 영역을 표시합니다. 만약 이러한 표시를 무시하고 영역을 침범하는 동물이 있다면 날카로운 송곳니와 큰 덩치를 무기 삼아 돌진하여 쫓아내지요.

우리 모두는 정신적으로나 물질적으로 간섭받지 말아야 할 자신만의 영역이 있습니다. 하지만 사회생활 속에서 본인만의 영역을 고집하는 행위는 유별나다는 취급을 받습니다. 서로 간에 지켜 주었으면 하는 최소한의 수칙만을 언급할 뿐인데도 이기적인 심보를 가진 사람으로 여기지요. 이 같은 시선이 부담되어 얼굴 붉힐 일 없이 혼자 견디는 편을 택하는 이들도 많습니다. 그렇지만 처음에 용기 내어 확실히 자신이 원하는 바를 각인시켜야 나중에 부딪히게 될 수많은 정신적 노동을 아낄 수 있습니다. 미리 나무껍질을 벗겨내지 않으면 훗날 영역을 지키기 위해 전력투구를 해야만 하지요. 자신의 영역만큼 다른 이들의 영역도 미리 파악하고 존중해준다면 장담하건대 불필요한 싸움은 절대 일어나지 않을 것입니다.

#관계 #존중 #대화

당당히 벌거벗어라
벌거숭이두더지쥐 Naked mole rat [포유류]

누구든지 겉모습만 보고서 그에 대해 섣부른 판단을 내리는 건 좋지 않습니다. 이는 동물도 마찬가지지요. 사막에 사는 벌거숭이두더지쥐는 털이 없는 연약한 생김새에 그나마 위협적인 것은 작은 뻐드렁니뿐인 작은 쥐입니다. 시력도 나빠서 고작 빛의 명암만 구분해내지요. 하지만 두더지쥐의 특별한 능력은 샘이 날 만큼 뛰어납니다. 두더지쥐는 감각세포의 변이로 인해 열에 의한 고통을 느끼지 못하는데요. 이 덕분에 사막의 타오를 듯한 뜨거움을 너끈히 이겨낸답니다. 이 밖에도 숨을 무려 18분 동안이나 참을 수 있으며, 자신의 대사 속도를 조절하여 암에 걸리지 않고 일반 쥐보다 10배나 오래 살지요. 다른 설치류와 달리 암에 잘 걸리지 않는 이유는 암세포가 전이하기 전에 체세포가 일찍이 이를 감지하여 분열을 억제하기 때문이라고 합니다.

한편 땀샘이 없어 체온조절이 힘든 탓에 땅굴을 만들어 사는 지혜도 발휘해냅니다. 두더지쥐의 솜씨가 묻어난 땅굴은 매우 높은 습도와 쾌적한 온도를 자랑하지요. 다만 땅굴 안에 수백 마리가 모여 사는 만큼 사회생활로 인해 큰 스트레스를 받지 않을까 우려되는데요. 두더지쥐는 여왕에서부터 보초까지 각자의 역할을 제대로 분담함으로써 사회적인 분쟁마저도 최소화하였습니다.

사람을 판단할 때 외모가 큰 비중을 차지하게 되는 이유는 무엇일까요? 아마도 가장 빠르고 간단하게 많은 정보를 얻을 수 있는 수단이 외모이기 때문이 아닐까 싶습니다. 문제는 우리 사회 속에 지나치게 외모지상주의가 만연해 있다는 것입니다. 사람들의 미적 본능을 이용하여 소비를 유도하는 마케팅들이 성행하며 외모라는 하나의 개성에 막대한 사회적 가치를 불어넣지요. 이처럼 각종 매체에 의해 사람들에게 주입된 외모지상주의는 자연스레 사람들의 일상적인 말과 행동에도 영향을 미치게 됩니다. 우리는 명심해야만 합니다. 외모와 같이 단편적인 기준으로는 우리의 가치를 모두 측정하지 못한다는 사실을 말입니다. 외모로 인한 헛된 열등감이 마음속에 자리 잡으려고 하면 재빨리 생각을 다잡아야 합니다. 어디에나 존재하는 외모지상주의라는 암세포를 항상 견제하세요. 외모지상주의로부터 자유를 선언하고 이전보다 훨씬 자유롭고 긴 행복감을 누리세요. 외모는 당신에게 있어 빙산의 일각에 불과합니다. 다른 이들에게 웅장한 내면을 보여주세요.

#외모 #차별 #저항 #비판

관계의 기본은 경계이다
미어캣 Meerkat [포유류]

미어캣은 땅속에 굴을 파고 삽니다. 낮에는 굴에서 나와 열심히 주변을 둘러보며 천적들을 감시하지요. 짤막하고 가느다란 다리로 용케 중심을 잡고 서있는 모습은 마치 곡예를 연상케 합니다. 무리 생활을 하는 덕분에 돌아가면서 보초를 서지요. 완벽하게 보초를 설 만큼 시력이 좋지만 후각도 뛰어나서 땅속에 숨은 먹이들을 냄새만으로도 속속들이 찾아냅니다.

무리의 우두머리인 여왕 미어캣은 새끼를 낳는 중요한 역할을 합니다. 여왕은 어마어마한 권력을 이용해 독재를 일삼기도 하지요. 여왕의 자리를 위협받지 않기 위해 무리 내의 암컷을 견제하며 여차하면 무리에서 추방시켜버린답니다. 때로는 암컷들을 유모로 이용하기도 해요.

미어캣처럼 집단생활을 하며 안팎으로 경계를 늦추지 않는 태도는 지금의 우리가 본받아야 할 필요가 있습니다. 나날이 발전하는 누리

소통망(SNS) 덕분에 어디서나 손쉽게 인연을 맺을 수 있지만, 그만큼 변질되기 쉬운 가벼운 관계들임을 간과하면 안 되지요. 언제 어디서든 간에 새로운 관계를 맞이할 때는 충분히 예민한 태도를 가져야 합니다. 익숙한 관계일지라도 절대 방심하면 안 된답니다. 조금 쌀쌀맞더라도 훗날 가슴이 미어지는 것보다는 차라리 상대방을 잠깐 경계하는 것이 그나마 나을 테니까요.

#관계 #경계 #의심

산소와도 같은 존재의 부재
붕어 Crucian carp [어류]

겨울철 연못에 생긴 얼음은 우리에게 얼음낚시의 즐거움을 선사합니다. 하지만 물고기들에게는 재앙과도 같지요. 두꺼운 얼음이 햇빛을 가리는 바람에 조류들이 광합성을 못하기 때문입니다. 광합성이 중단되어 산소가 생성되지 않으면 얼마 안 가 연못 안의 산소는 바닥이 나지요. 연못 안에 갇힌 물고기들은 시한부 인생을 사는 것이나 마찬가지입니다. 그렇다면 우리는 어떻게 얼음낚시를 할 수 있는 것일까요? 이는 바로 붕어들이 가진 무산소 적응 능력 덕분입니다. 붕어는 자신의 간에 있는 글리코겐이라는 물질을 분해하여 산소를 얻어낸답니다. 분해 과정 중에 독성을 가진 젖산이 생성될 위험이 있지만, 붕어는 특별한 효소를 이용하여 젖산 대신 알코올을 생성하여 배출해내지요. 이러한 방법으로 붕어는 무려 5달간이나 산소가 부족해도 버티는 게 가능합니다.

산소만큼 소중하지만 없어졌을 때에야 그 가치를 실감하는 것은 바로 '관계'가 아닐까요.

만약 우리에게 산소 같았던 존재가 갑자기 사라진다면 어떻게 대처해야 할까요? 마음속에 저장된 그이와의 추억들에 의존하며 하루하루를 연명하는 수밖에 없을까요? 아마도 이 방법은 당신에게 도리어 독극물처럼 작용할 것입니다. 행복했던 추억들을 떠올릴수록 현실과의 괴리감만 더해질 뿐이지요. 부작용이 없게 하려면 새로운 효소를 사용하여 추억을 재가공하는 수밖에 없습니다. 효소의 이름은 '용기'입니다. 절교에 대한 죄책감에 만년을 몸부림치기보다는 그 원인과 잘잘못을 따져보며 혼란을 해소하는 것이지요. 분명한 잘못이 있다면 늦은 감이 있더라도 소신껏 사과를 하는 용기를 발휘하여야 합니다. 그렇게 모든 고해성사를 마쳐도 아련함이 맴돈다면 이제는 시간에 맡길 차례입니다. 지나버린 추억과 새로운 기억 사이에 기약 없는 대결을 펼치세요. 추억이 빛바래질 만큼 새로운 사람들과 경험을 쌓으며 남은 인생을 살아보세요.

#이별 #미련 #용기 #화해

선심을 의심하라
오소리 Badger [포유류]

오소리는 갈 길을 잃은 동물들에게 선뜻 자신의 보금자리를 내어줍니다. 가장 안쪽 땅굴은 자신이 쓰고 나머지 바깥쪽의 땅굴은 다른 동물들의 몫으로 나누어 주지요. 마냥 좋게만 보이는 오소리의 마음 씀씀이지만 사실은 대가를 바라는 선행입니다. 다른 동물들이 자신을 대신해서 천적들에게 희생되게끔 하는 게 목표이지요.

우리 주변에도 양의 탈을 쓰고선 늑대 같은 짓을 일삼는 이들이 많이 있습니다. 그들은 가장 신뢰 가는 모습으로 변장을 하고는 사람들의 결핍을 제대로 꿰뚫는 매력적인 조건을 제시하지요. 이에 혹한 사람들은 제 발로 그들의 소굴에 걸어들어가 꼼짝없는 희생양이 됩니다. 그들의 꾐에 넘어가지 않기 위해선 잘 알고, 이를 알려야 할 필요가 있습니다. 우선 관련된 법에 대해 아는 것이 중요합니다. 법을 알아야만 불법의 여부를 판별하여 사전에 피해를 방지할 수가 있지요. 다음으로는 투철한 신고 정신이 필요합니다. 사기가 의심되는 일이라면 적극적으로 공공기관에 의뢰해야 합니다. 당신이 결백하다면 그들은 절대적으로 당신의 편에 서서 문제를 해결하도록 도와줄 것입니다. 이외에도 사건과 관련된 피해자들과 집단을 구성하여 해결책을 도모하는 방법이 있는데요. 같은 입장인 만큼 정신적인 위안을 받게 되고 아무래도 집단을 이루다 보니 일처리가 훨씬 수월해지는 장점이 있습니다.

사기는 예방만이 최선이라는 사실을 유념하세요. 무조건적인 선심은 의심만이 살길입니다.

#사기 #의심 #신고 정신

신경 끄는 법
돌고래 Dolphin [포유류]

돌고래는 폐로 숨을 쉬는 포유동물이라 꾸준히 물 밖을 드나들어야만 합니다. 과연 이렇게 쉴 새 없는 일상 속에서 잠은 제대로 잘까 싶지만 예상 밖으로 돌고래는 충분한 휴식을 취한답니다. 그 비법은 바로 뇌가 반절씩 교대로 잠을 자는 '반구수면'에 있지요. 반구수면은 돌고래뿐만 아니라 장거리를 비행하는 철새들을 비롯하여 일부 파충류들도 가지고 있는 특성입니다. 뇌를 따라서 눈도 한쪽씩만 감고 자지요.

우리들은 비록 물속에서 생활하지는 않지만 반구수면이 절실히 필요할 때가 있습니다. 예를 들어 졸린 데도 해야 할 일이 산더미 같을 때 반구수면이 가능하다면 얼마나 편리할까요? 최소한 쓸모없는 것들에 대해서라도 뇌가 무감각해졌으면 하는 바람입니다. 감정적, 금전적인 낭비를 부추기는 일상 속의 수많은 유혹들을 차단한다면 삶이 보다 윤택해질 테니까요. 사실 이러한 방해 요소들은 주변 곳곳에 널리 자리 잡은 나머지 피해 다니기도 힘들 지경입니다. 일일이 방해 요인들을 제거하는 것은 물론 효과가 있습니다. 하지만 그보다는 집중할 만한 한 가지의 대상을 찾는 게 효율적입니다. 그게 일이 되었든 취미가 되었든 간에 유혹에 휘말려 막연하게 방황하는 것보다는 훨씬 생산적입니다. 반드시 구체적인 기준을 들어 찾아보길 바랍니다. 자신의 수준을 고려하지 않으면 좀처럼 몰두하기가 쉽지 않고, 일의 양을 고려하지 않으면 항상 시간에 쫓기게 될 테니 말이지요. 정보의 바다가 날이 갈수록 범람해지는 만큼 주변 환경에 대한 분별력과 집중력을 길러야 할 것입니다.

#무시 #집중 #선택

악어의 눈물

악어 Crocodile [파충류]

악어는 파충류의 제왕답게 무시무시한 턱 힘을 자랑합니다. 기본적으로 1톤이 넘는 무는 힘은 그 어떤 동물이라도 쉽게 절단을 내버리지요. 다만 굉장한 악력에 비해 주둥이를 여는 힘이 다소 약하답니다.

악어는 특수한 신경 구조 때문에 턱을 움직이면 동시에 눈물샘이 자극됩니다. 이로 인해 먹잇감을 잡아먹을 때면 찔끔 눈물을 흘리지요. 진실로 거짓된 눈물이 아닐 수 없습니다. 그래서 악어처럼 가식적인 태도를 보이는 사람들을 '악어의 눈물'에 비유하기도 하지요.

지금 당신의 근처에는 요주의 인물들이 존재하나요? 만약 그렇다면 그들로부터 최대한 신속하게 거리를 두어야 합니다. 그들의 거짓된 감정적 호소에 발목이 잡혔다간 안 좋은 꼴을 볼 것이 뻔하지요. 그들은 마치 악어와도 같은 변온동물의 성격으로 환경에 따라 시시때때로 태도의 온도가 변합니다. 당장은 신뢰감이 있어 보일지라도 언제 어떻게 변할지 모르는 일이지요. 부디 위험이 도래하기 전에 당신을 향한 그들의 요구를 먼저 거절하세요. 예의상의 문제로 단칼에 거부하기가 힘들겠지만 지금이 아니면 그들의 입을 닫는 것은 불가능함을 명심하세요. 물론 무턱대고 누군가를 의심하는 것은 바람직하지 않습니다. 하지만 나중에 그들 때문에 속상해 하기보다는 지금 끊어내는 길을 택하는 편이 나을 것입니다.

#경계 #의심 #거절

얌체의 삶
뻐꾸기 Cuckoo [조류]

뻐꾸기 새끼는 철이 너무 일찍 들었나 봅니다. 따로 둥지를 만들지 않고, 먹이를 물어다 주지 않아도 무럭무럭 잘만 자랍니다. 이는 사실 남의 터전을 훔쳤기 때문에 가능한 이야기지요. 어미 뻐꾸기는 다른 새의 둥지에 침입하여 알을 낳고선 무심하게 떠나버린답니다. 홀로 남은 뻐꾸기 새끼는 다른 어미 새의 보살핌 속에 부화하게 되는데요. 더욱 기가 차는 것은 뻐꾸기 새끼의 행동입니다. 뻐꾸기 새끼는 태어나기가 바쁘게 다른 알들을 밀어 떨어뜨려버리지요. 그렇게 혼자 남은 뻐꾸기 새끼는 독립할 때까지 다른 어미 새의 총애를 받으며 성장해 나간답니다. 얌체는 이럴 때를 두고 쓰는 말인가 보네요.

자신의 편리를 위해 얌체 짓을 서슴지 않는 사람들이 있습니다. 작게는 남에게 일을 미루는 것부터 부당한 방법으로 남들의 이익을 갈취하는 것까지 그 종류는 매우 다양하지요. 일상 속에 겪는 비양심적인 짓들은 마땅한 처벌이 힘들다는 점에서 분노감을 삽니다. 물론 사람이라면 누구나 얌체스러운 마음을 한편에 가지고 있습니다. 세상을 쉽게 살아갈 방법을 굳이 마다할 필요는 없으니까요. 다만 주변의 시선이나 개인의 도덕적인 가치관 등을 이유로 머뭇거릴 뿐입니다. 괜히 자신의 정직함을 나무랄 필요는 없습니다. 얌체들은 대부분 결말이 좋지 않으니까요. 뻐꾸기의 경우만 보아도 태어날 때부터 버림을 받고 외롭게 살아가다가 자신의 새끼마저 버리는 비극을 되풀이하고 있습니다. 아무리 날갯짓을 해봐도 행동에 대한 책임은 피해 갈 수 없는 법이지요. 정직만큼 풍부한 재산은 없다는 셰익스피어의 말처럼 각박한 사회이지만 본인만의 신념을 지키며 살아갈 수 있기를 바랍니다.

#양심 #책임 #신념

위험하진 않지만 치명적인 공격
스컹크 Skunk [포유류]

사나운 맹수들조차도 웬만하면 피하는 동물이 있습니다. 그 이름은 스컹크로 동물들 사이에서 악명 높은 방귀 대장으로 통하지요. 스컹크가 뀌는 방귀의 정체는 사실 항문에서 분비된 액체로부터 나는 냄새입니다. 스컹크의 방귀는 1km 밖에서도 맡을 수 있을 만큼 엄청난 위력의 악취를 자랑하지요. 이러한 악취를 견뎌내고서 스컹크를 사냥한다고 한들 몸에 냄새가 배어버린다면 더 이상의 사냥은 힘들어집니다. 악취 때문에 매복을 해도 금방 들켜버리지요. 이렇듯 스컹크는 부끄럽게만 여겨지는 방귀를 되레 부러움을 사는 능력으로 만들었습니다.

사회생활을 하다 보면 정말 다양한 사람들을 만납니다. 그중에는 어떻게든 당신을 못 잡아먹어서 안달이 난 사람들도 있지요. 유순한 성격 때문에 만만하게 보는 것 같아 한번 화를 내고 싶어도 사회생활에 큰 차질이 생길까 봐 억지로 분통을 삼킵니다. 그렇다고 언제까지 그 사람의 성격이 바뀌기만을 기다리고 있을 순 없는 노릇이지요. 효율적으로 문제를 해결하려면 당신의 억울함을 직설적으로 호소하되, 이를 최대한 많은 사람들 앞에서 정중하게 전달할 필요가 있습니다.

대부분의 사람들은 논리 정연한 요구 사항을 예의 바르게 전달하는 당신을 옹호할 테고, 이 같은 군중의 압박감을 이기지 못한 가해자는 끝내 당신의 요구를 들어줄 가능성이 크기 때문입니다. 상대방이 약간 자존심을 상할 순 있지만 공적인 분위기로 인해 이성적인 소통이 가능하다는 장점이 있지요. 마치 스컹크의 방귀처럼 위험하진 않지만 치명적인 방법이지요. 아직도 우리 사회 속엔 가해자가 아닌 피해자가 숨죽여 지내야하는 아이러니한 분위기가 존재합니다. 언젠가 우리 모두가 당당하게 방귀를 뀔 수 있는, 뀌고 나서도 무안해지지 않는 사회 분위기가 형성되기를 바라봅니다.

#대화 #요구 #용기

짧고 굵은 사랑
원앙 Mandarin duck [조류]

원앙 한 쌍이 꼭 붙어 헤엄치는 모습을 보고 있노라면 수컷이 대단한 애처가로 인식됩니다. 사실은 천하의 바람둥이지만요. 화려한 장식깃을 내세워 쟁쟁한 경쟁자들을 뚫고 선택받은 수컷은 암컷이 알을 낳고 나면 금세 다른 암컷을 찾아 떠나버린답니다. 이에 대한 벌을 받는 것인지 번식기가 지난 수컷은 장식깃이 모두 빠져버려 심히 볼품없어지지요. 한편 홀로 남은 암컷은 이루 말할 수 없는 배신감을 느끼며 남은 새끼들을 최선을 다해 키워나갑니다. 반대로 암컷이 바람을 피우는 경우도 있지요.

원앙의 얘기가 마냥 남일 같지 않은 이유는 우리나라가 OECD 국가 중 이혼율 순위가 상위권이기 때문이 아닐까 싶습니다. 결혼 생활을 10년도 채우지 못하고 이혼하는 부부가 전체 이혼 부부의 절반에 달하지요. 통계를 보면 이혼율이 경제 성장률과 비슷한 변동 폭을 보이는 만큼 이혼은 경제적인 문제와도 밀접한 관련이 있습니다. 하지만 무엇보다도 정서적인 문제가 이혼의 주된 원인을 차지하지요. 사랑으로 극복이 가능할 거라 믿었던 서로의 단점들은 오랜 시간이 지나도 변하지 않고, 결국엔 사랑만이 변해버리고 마는 것입니다. 어쩌면 변하지 않는 성격도 하나의 운명인걸까요. 사랑에 정답은 없습니다. 한 사람을 평생 동안 바라보는 것과 다양한 사람들을 한시적으로 경험하는 것은 각자 그만한 매력이 있습니다. 다만 후자의 경우에 원앙처럼 이기적으로

관계를 정리한다면 안 되겠지요. 관계를 정리해야 하는 시기는 서로의
단점이 장점을 넘어서기 전임을 명심하세요.

#이별 #사랑 #권태

정당한 속임수

꾀꼬리 Chinese oriole [조류]

아름다운 깃털과 청아한 목소리를 가진 꾀꼬리는 조류계의 팔방미인입니다. 찬란한 황금빛의 깃털은 보는 이마다 황홀감에 젖게 하며 맑고 순수한 울음소리는 온 숲을 힘 있게 정화시키지요. 우리에겐 그저 듣기 좋은 하나의 선율에 지나지 않지만 울음소리는 꾀꼬리에게 매우 중요한 의미를 가집니다. 꾀꼬리를 비롯해 새가 우는 데에는 크게 두 가지 이유가 있습니다. 동족들과 의사소통을 하거나, 천적으로부터 자신과 가족들을 지키려는 위협의 목적으로 울부짖는 것이지요.

살다 보면 다양한 목적을 달성하기 위해 목청을 높여야만 할 때가 있습니다. 이왕에 대화를 할 것이라면 보다 듣기 좋은 소리로 상대방을 설득하는 게 효과가 있지요. 꾀꼬리의 지저귐같이 거부감 없이 요구를 전달하기 위해선 먼저 요청하는 수준을 조금 높게 잡아야 합니다. 그런 다음에 대화를 진행하며 차차 원래 생각했던 수준까지 낮추면, 실제로는 별다른 이익이 없었음에도 상대방은 이를 상당히 합리적인 조건으로 받아들이지요. 정당한 속임수에 속아 상대방이 높은 수준에서 계약을 맺어버릴 수도 있는 일입니다. 꾀꼬리처럼 단정한 외관과 차분한 목소리를 잘 이용한다면 어떤 대상일지라도 좋은 성과를 거둘 수 있을 것입니다.

#대화 #설득 #자신감

충분히 경고하기
방울뱀 Rattlesnake [파충류]

방울뱀은 이름처럼 방울과 비슷한 소리를 냅니다. 더불어 치명적인 맹독을 가진 독사이지요. 방울뱀은 채 벗어지지 않은 꼬리의 허물을 부딪쳐 소리를 냅니다. 허물이 쌓이고 쌓일수록 소리의 크기도 커지지요. 방울뱀이 소리를 내는 이유는 적에게 경고의 메시지를 전달하기 위함입니다. 그럼에도 불구하고 적이 자리를 떠나지 않으면 똬리를 한 번 튼 뒤 잽싸게 날아올라 기습 공격을 하지요.

사회생활을 하면서 불쾌한 대우를 받을 때가 있습니다. 심지어는 일의 가해자가 문제를 의식하지 못하는 경우도 있지요. 이럴 때에 당신은 방울뱀처럼 작지만 충분히 울림 있게 경고해야 합니다. 물론 당신의 의견이 수렴되기까지는 많은 현실적인 제약들을 거쳐야 할 것입니다. 그럼에도 불구하고 기회가 될 때마다 부당한 처사를 알리는 데 힘써야 합니다. 존엄성이란 스스로 지켜 나갈 의지가 있어야만 보장되기 때문입니다. 경고가 먹히지 않는다면 법적인 대응도 불사하십시오. 본인이 독기를 품지 않는다면 아무도 대신 싸워주지 않습니다.

뱀은 먹이의 체열로부터 나오는 적외선을 탐지한다고 합니다. 이처럼 당신도 삶에 대한 뜨거운 열정만으로 사람들을 판단하며 자신의 권리만을 챙기는 데 그치지 않고 타인의 인권 또한 존중해주길 바랍니다.

#경고 #저항 #존중

포효는 또 다른 표현이다
호랑이 Tiger [포유류]

호랑이는 사람들에게 예로부터 용맹함을 상징하는 대표적인 맹수로 각인되어 왔습니다. 실제로 호랑이는 험한 산속에서 단독 생활을 즐겨 하지요. 새끼를 양육할 때만 무리 생활을 하다가 새끼가 독립할 무렵이 되면 각자의 영역을 찾아 뿔뿔이 흩어진답니다. 비록 몸은 헤어졌지만 울음소리나 영역 표시 등을 통해 서로의 유대감을 느끼지요. 호랑이의 우렁찬 포효는 초저주파의 성질을 띠어서 들으면 오금이 저리는 느낌을 받는답니다.

인생을 살아가다보면 어쩔 수 없이 다른 가치관들과 충돌을 일으키게 됩니다. 아무리 겸손해지고 싶어도 자신의 가치관이 폄하되는 걸 참는 것은 쉬운 일이 아니지요. 그렇다고 화를 내자니 뒷감당이 두려워집니다. 명분이 정당하다면 화를 내는 것도 상황을 진지하게 만들어 주지만, 싸움으로 번질 수 있으니 조심해야 하지요. 욱한 마음을 다스리는데 성공했다면 상대방에게 솔직한 심경을 간결하게 풀어낼 차례입니다. 상대방이 수긍할 만큼의 적당한 수위로 의견을 조율해야만 하지요. 호랑이의 포효와 같은 태도로 의견을 전달하는 것이 좋습니다. 호랑이처럼 간결하면서도 확고하게 의사를 표현함으로써 최소한의 신념을 지켜야 하지요. 단순한 감정싸움으로 이어지지 않도록 정중한 어투로 당신의 감정을 설명하세요. 그리고 난 뒤 수용 범위를 넘어서지 않는 선에서 개선점을 요구하세요. 상대방이 최대한 집중할 수 있는 시기를 고려하는 것도 설득력을 높이는 데 도움이 된답니다.

포효는 단순한 감정의 분출이 아닌 의견의 표출입니다. 부디 영리하게 포효하여 당신만의 영역을 지켜내세요.

#대화 #분쟁 #설득 #표현

헛된 포만감
피라냐 Piranha [어류]

무시무시한 이빨과 왕성한 식욕을 자랑하는 피라냐는 겁이 많아 떼를 짓는 습성이 있어 공포감을 자아냅니다. 피 냄새에 예민하여 다친 동물이 있으면 물불 가리지 않고 달려들지요. 살기 위해 몸부림을 칠수록 피라냐를 떨쳐내기는커녕 더한 응징만을 불러일으킵니다. 오직 배부를 때만 얌전한 모습을 보이는 피라냐지요.

우리도 때론 피라냐처럼 처절하게 굶주립니다. 이른바 '관심'이라는 먹이를 갈구하지요. 이 특별한 먹이는 일반적으론 구하기가 힘들어서 많은 사람들이 SNS라는 곳에 뛰어들어 먹이를 탐색합니다. 다만 이곳에서 구한 먹이는 아무리 먹어도 좀처럼 배부르지 않고 되레 더한 허기를 부른다는 특징이 있지요. 또한 실수로 자신의 상처를 드러냈다간 많은 이들의 사냥감이 되어버릴 수 있습니다. SNS라는 공간에 들어온 이들은 왠지 모를 열등감에 휩싸여 쓸데없이 남을 공격하는 일도 허다하지요. 결국 감정적인 허기를 무마하려 아무리 열심히 사냥을 해봤자 얻는 것은 헛된 포만감뿐이랍니다. SNS는 관계를 맺는 수단일 뿐입니다. 하지만 이 수단이 주된 목적이 되는 순간 당신의 관계적 결핍은 갈수록 만족시키기 어려워질 것입니다.

#관심 #상처 #SNS

화해는 이해다
보노보 Bonobo [포유류]

영장류들은 대부분 무리 생활을 하며 크고 작은 분쟁들을 달고 살기 마련입니다. 제때 갈등을 해소하지 않으면 격한 몸싸움으로까지 번져 서로에게 많은 피해를 입히곤 하지요. 하지만 보노보는 갈등이 싸움으로 치닫는 경우가 매우 드뭅니다. 대부분의 갈등이 초기에 와해되는 모습을 보여주지요. 그 비결은 '화해'에 있습니다. 누가 먼저랄 것 없이 적극적인 스킨십으로 서로의 억울한 감정을 해소하지요. 말보다는 행동이 진심을 더 효과적으로 전달한다는 사실을 아는 듯 싶습니다.

보노보처럼 화해를 하면 좋은 점이 많긴 하지만 그렇다고 모든 다툼에 화해가 잇따라야 하는 것은 아닙니다. 더군다나 순전히 상대방이 잘못한 상황이라면 화해 이전에 정당한 합의를 보아야 하지요. 화해의 조건으로 구체적인 개선을 요구하는 직설적인 방법도 좋지만 무엇보다 개선의 목적을 상기시켜야 합니다. 단지 피해에 대한 보상 때문이 아니라 상대방과의 원만한 관계를 위한 걸림돌을 제거하는 과정임을 이해시켜야 하지요. 스킨십이 만들어내는 진심 어린 분위기는 이 같은 공생의 의미를 전달하는 데 큰 도움이 됩니다. 말 없는 포옹이 때론 철저한 논리를 능가하는 교화를 이끌어내지요.

만약 당신의 진심 어린 호소에도 불구하고 개선하려는 의지가 미미하다면 과감히 인연을 끊을 필요가 있습니다. 어차피 인연을 이어 나가더라도 없는 것만 못한 관계가 될 것이 분명하니까요.

#공생 #갈등 #화해 #설득

약육강식(弱肉强息) : 강한 자가 더 쉬는 세상

초식동물들은 평균적으로 육식동물들의 반에도 못 미치는 수면 시간을 가집니다. 천적들의 기척을 항상 감시해야 하기에 그마저도 쪽잠을 청하지요. 또한 풀은 고기에 비해 열량이 매우 적기 때문에 최대한 깨어서 많은 양을 섭취해야만 살아갈 수 있답니다.

약자들일수록 더 많이 일하고 더 조금 쉬는 게 당연시되어버린 약육강식의 사회입니다. 궂은일을 도맡아 하면서도 강자들의 눈치를 보느라 맘 놓고 쉬질 못하지요. 약자들은 날카로운 발톱이 하나도 없어 무시당하는 자신들의 처지가 그토록 원망스럽기만 합니다. 안타깝게도 사회란 자연과도 같아서 모두가 공평한 조건을 기대하기는 힘들지요.

운명에 대한 증오는 메아리쳐 더한 자책감으로 돌아올 뿐입니다. 서럽지만 주어진 기회에 집중하며 자신만의 삶을 추구하는 것이 진정 나를 위하는 방법입니다.

지구 선배들의 가르침 7

안분지족
(安分知足)

바꿀 수 없다면
겸허히 받아들이는 마음가짐

마음의 등껍질을 오므려라

아르마딜로 Armadillo [포유류]

스페인어로 '무장했다'라는 뜻을 가진 아르마딜로는 머리부터 꼬리까지 단단한 등껍질로 덮여 있습니다. 거추장스러운 등껍질 때문에 몸이 뻣뻣할 것 같아도 의외로 뛰어난 유연성을 가졌는데요. 위험을 느끼면 몸을 둥글게 말아 부드러운 배 부분을 보호하는 자세를 취한답니다.

아르마딜로의 등껍질과 같은 마음을 가지고 있다면 얼마나 좋을까요. 평소에는 유연하게 움직이다가도 위기가 닥치면 곧바로 의연하게 대처할 수 있는 융통성을 말입니다. 이러한 마음가짐은 등껍질처럼 원래부터 타고나야만 하는가도 싶습니다. 하지만 놀랍게도 우리는 나름의 등껍질을 가지고 있습니다. 다만 오랫동안 쓰지 않다 보니 굳어지고 퇴화되었지요. 원인은 하나입니다. 위기가 닥칠 때마다 어떻게든 끝까지 매달려보는 못 말리는 집념 때문이지요. 간단히는 '걱정'이라고 말합니다.

지금 당신의 마음속에 자리 잡은 수많은 흉터들이 증명하듯이 걱정은 수없이 아린 기억만을 남깁니다. 걱정은 오직 다른 이의 아픔을 동정해주는 데에만 쓸모가 있을 뿐입니다. 걱정이 격정적으로 치닫지 않게 언제나 조심하세요. 감당 못할 문제가 생겼다면 재빨리 마음의 등껍질을 오므리는 것이 좋습니다.

#걱정 #위기 #회피

우기는 우긴다고 오지 않는다

🐃 Wildebeest [포유류]

아프리카에선 비가 오지 않는 건기가 되면 색다른 물결을 감상할 수 있습니다. 먹이를 찾아 이동하는 누 떼의 움직임이 거대한 파도와도 같아 보이지요. 평상시에 누 떼는 몇십 마리에 지나지 않지만 건기가 닥치면 수만 마리가 합심하여 무리를 이룹니다. 목초지를 찾아나서는 여정은 매우 험하기 짝이 없지요. 급류에 휩쓸리거나 포식자들의 먹이가 되는 등의 수많은 어려움을 이겨내며 1600km에 달하는 거리를 이동해야 합니다. 누는 풀의 수분만으로 악착같이 며칠간을 버티며 포기하지 않고 먹이를 찾아 움직이지요.

대자연에 건기가 있듯이 우리의 마음도 심히 목마를 때가 있습니다. 안타깝게도 우리는 마음에 건기가 왔음을 뒤늦게야 알아차리지요. 다시금 마음에 생기를 되찾고 싶어도 이미 최소한의 열의마저 바닥낸 뒤라서 몸이 말을 듣지 않습니다. 할 수 있는 거라곤 무기력하게 주저앉아 불평만을 늘어놓는 것이지요. 그렇지만 애석하게도 마음의 '우기'는 절대 우긴다고 오지 않습니다. 한시라도 빨리 목초지를 찾아 떠나는 것만이 최선의 방법입니다. 당신의 정신에 생기를 불어넣을 수만 있다면 그 무엇이라도 좋습니다. 언제 어디서라도 마음의 목초지를 발견했다면 망설이지 말고 기꺼이 정착하세요.

#무기력 #인내 #극복

가면 벗는 법
카멜레온 Chameleon [파충류]

카멜레온은 변신의 달인입니다. 시시때때로 형형색색의 몸 색깔을 드러내지요. 일반적인 동물들과는 다르게 카멜레온의 몸의 빛깔이 달라지는 것은 위장이 주된 목적이 아닙니다. 언뜻 주위의 환경과 어울려 보이기는 하지만 사실은 주변 색에 구애받지 않고 다양한 요인에 의해 색이 만들어지지요. 예컨대 빛의 세기와 온도, 심지어는 기분에 따라서도 몸 색깔을 변화시킵니다. 기분이 안 좋을수록 대체로 어두운 색을 띠지요. 또한 짝짓기 시기에는 화려한 색깔을, 위험한 상황에선 위협적인 색깔을 내는 등 분위기에 따라서도 체색이 바뀝니다. 다만 아무도 카멜레온의 진짜 색을 알지는 못 한답니다. 죽고 나서도 체색 세포가 살아있는 동안은 색이 계속 바뀌기 때문이지요.

우리나라는 오랜 세월 동안 유교의 가르침을 받들며 지내왔습니다. 겸손을 미덕으로 삼는 분위기는 사회의 분쟁을 줄이지만 나아가 분쟁 자체를 억압하기도 했지요. 겸손은 보통 위계질서를 강조하는 분위기에서 두드러집니다. 때문에 이러한 사회에 문제없이 적응하려면 속절없이 가식적인 태도를 취해야만 했습니다. 싫어도 싫은 티를 내지 못하고 혼자 삭혀야만 하지요. 이처럼 지나치게 감정을 억제하다 보면 필히 부작용이 따르게 됩니다. 묵혀둔 감정이 부패하여 생기는 독기가 얼굴빛에 어둡게 드리우지요. 이쯤 되면 마음속은 온통 만신창이가 되어 일상생활이 매우 힘들어집니다.

유일한 치료법은 어떻게든 감정을 표현하는 겁니다. 설사 남들이 이해해주지 않아도 개의치 마세요. 어차피 당신의 마음은 아무도 모르는 게 당연합니다. 마치 카멜레온의 진짜 색깔처럼 말이지요. 그만큼 다채로운 당신의 감정을 환경에 적응하기 위한 보호색으로만 쓰기엔 너무도 아깝습니다. 표현할 수 있는 색이 한정되어 있어도 최대한 솔직하게 색깔을 내는 카멜레온처럼 감정의 색깔을 맘껏 드러내 보세요.

#표현 #저항 #용기

오롯이 나답게 살기
양 sheep [포유류]

복슬복슬한 털과 아담한 뿔이 달린 목장에서 키우는 양의 모습은 사실 양의 본래 모습이 아니랍니다. 이는 야생 양을 오랜 세월 동안 가축화해온 결과물이지요. 털을 많이 얻기 위한 목적으로 교배된 양은 야생 양보다 털이 훨씬 풍성하게 자란답니다. 다만 스스로 털갈이를 하지 못해서 사람이 매번 깎아주지 않으면 털이 주는 압박감과 찌는 듯한 더위를 고스란히 느끼며 살지요. 오랜 세월 동안 사람들의 손을 거치며 야생성이 줄어든 나머지 지나치게 아둔해지기도 했고요.

가축화된 양 못지않게 우리들도 사회화의 부작용을 앓고 있습니다. 다양한 사람들의 요구에 부합하기 위해 우리의 모습은 마치 양털처럼 재단되지요. 자신에게는 더없이 따뜻한 털들이지만 남들의 냉정한 시선을 견디기가 어려워 죄다 잘라내게 됩니다. 세상의 잣대에 맞춘 자신의 모습에 심한 자괴감을 겪기도 하지요. 물론 정상적인 생활을 위해선 어느 정도 세상의 기준을 따라야 합니다. 그렇지만 때론 야생에서 자유롭게 사는 양처럼 우직하게 자신의 개성을 지켜 나갈 필요가 있습니다. 일반적으로 개성은 특별한 취향으로 취급받으며, 종종 제재의 대상이 되기도 합니다. 하지만 개성이란 본인이 절대적으로 추구해야 하는 삶의 방식이기도 합니다. 성격, 가치관을 비롯해 자신임을 증명할 수 있는 모든 것들을 잊지 말고 사수해야 합니다. 더불어 오랜 시간 동안 쌓여온 부당한 사회적 관습들을 조금씩 무너뜨리세요. 우리에 갇힌 양떼들처럼 숨 막히고 융통성 없는 사회에 반대한다면 주저하지 말고 행동하세요.

#사회화 #개성

감정의 사막에서 살아남는 법
뿔도마뱀 Horned lizard [파충류]

뿔도마뱀은 전 지구에서 거의 독보적인 주특기를 가지고 있습니다. 바로 눈에서 피를 쏘는 것인데요. 꽤나 괴이해 보이지만 이는 나름 천적을 위협하는 데 효과적인 기술이랍니다. 뿔도마뱀 스스로 혈압을 높여서 눈의 실핏줄을 터뜨려 피를 빌사하는 원리이지요. 여느 도마뱀들처럼 재생력이 뛰어나기에 눈에 난 상처는 금방 아뭅니다. 한편 뿔도마뱀은 발로도 물을 마실 수 있습니다. 닿는 면적이 좁을수록 잘 당겨 올라가는 물의 성질을 이용하여 비늘 틈으로 물을 빨아들이지요. 이를 모세관 현상이라고도 합니다. 뿔도마뱀은 과연 사막의 숨겨진 재간둥이가 아닐 수 없네요.

어떻게 보면 우리는 뿔도마뱀과 서식 환경이 비슷합니다. 뿔도마뱀은 사막에서 살고, 우리들은 메마른 감정의 사막에서 사는 셈이지요. 뿔도마뱀은 사막에 적응하기 위해 티끌만한 물마저 발을 이용해 흡수합니다. 이렇듯 귀중한 수분이지만 필요할 땐 아끼지 않고 사용하지요.

천적에게 잡혔을 때 있는 힘껏 피를 뿜듯이 말입니다. 마찬가지로 감정의 사막에 적응하려면 자잘한 경험들에서도 감동을 흡수할 만큼의 감수성을 유지해야 합니다. 드물게나마 눈물을 흘림으로써 마음속에 비를 내려주어야만 감정이 완전히 메마르지 않지요. 속상하고 힘든 이유는 감정의 땅이 메말랐기 때문임을 자각하세요. 감정의 사막은 보통의 사막들과는 다르게 당신의 의지에 따라 비가 내리기도 그치기도 한다는 점을 명심하기 바랍니다. 홍수만 나지 않게 조심하며 비옥한 마음의 땅에서 감동적인 결실을 수확하세요.

#감수성 #모세관현상

겨울잠은 추워서 자는 게 아니다

곰 Bear [포유류]

눈이 오면 동물들의 걱정도 태산처럼 쌓여 갑니다. 추운 겨울에는 먹이를 구하기가 쉽지 않기 때문인데요. 더군다나 많은 양의 먹이가 필요한 곰은 사정이 더욱 좋지 않습니다. 에너지를 아끼기 위해서라도 어쩔 수 없이 겨울잠을 청한답니다. 얕은 수면 상태를 취해 대사량을 줄여서 축적한 지방만으로 긴 겨울을 보내는 전략을 택하지요. 다만 곰은 항상 일정한 체온을 유지하기에 겨울잠 도중에도 언제든 깨어 활발히 움직일 수 있답니다. 암컷 곰은 겨울잠을 자면서 새끼를 낳아 기르기도 하지요. 오랜 기간을 자는 것도 일이지만 그만큼 쌓이는 노폐물을 처리하는 것도 골치 아픈 문제인데요. 곰은 노폐물을 재활용하는 신체 구조 덕분에 자면서도 수분 섭취와 독소 배출을 문제없이 해결합니다. 그렇지만 재활용이 모두 이루어지진 않아서 잠에서 깨어난 뒤 며칠 동안은 변비로 고생을 하지요. 생존의 대가는 정말 가혹하기 짝이 없는 것 같습니다.

　곰이 겨울잠을 자는 원인은 추운 날씨가 아닌 먹잇감의 부족입니다. 눈을 헤집으면서도 사냥이 가능하지만 그래봐야 마땅한 먹이가 없기에 단념하고 쉬는 것이지요. 이처럼 우리의 삶 속에도 자신의 의지와는 상관없이 쉬어야만 할 때가 있습니다. 별다른 이익이 없음에도 일말의 미련에 사로잡혀 갈피를 잡지 못하고 행동한 적이 있지 않나요? 굳이 더한 손해를 감내하면서까지 과거를 보상받으려 노력할 필요가 있을까요. 미련은 오히려 실패를 만회할 기회마저 앗아가기 마련입니다. 그럴 때는 다음 기회를 기약하며 긴 휴지기를 가져야 합니다. 끝나지 않을 것만 같은 기다림 속에 살며시 깨어있으며 내실을 다져야만 하지요. 성공을 향한 갈망은 당신이 인고의 시간을 이겨내는 데 큰 힘을 줄 것입니다. 마침내 당신은 힘겨웠던 겨울을 뒤로하고 못내 아름다운 봄을 맞이하겠지요.

#기회 #인내 #갈망

노는 것이 약이다
페럿 Ferret [포유류]

페럿은 날렵한 몸매에 걸맞게 빠른 몸놀림을 자랑하지만 시력이 그
다지 좋지 않아 주로 밤에 사냥을 합니다. 여느 족제비들과 같이 예민
한 후각과 청각을 이용하여 타의 추종을 불허하는 사냥 실력을 선보
이지요. 페럿의 가장 큰 특징은 왕성한 활동력입니다. 하루의 3분의 2
이상을 자는 페럿은 꿈속에서부터 놀 궁리를 생각해온 건지 깨어 있
는 동안에 좀처럼 쉬지 않고 움직인답니다. 어떠한 환경에도 금세 적
응하는 활발한 성격에 앙증맞은 외모로 애완동물로도 큰 인기를 끌고
있지요. 물론 애완동물로 길들여져 사냥을 할 필요가 없음에도 페럿은
항상 주변을 산만하게 어지럽히며 에너지를 발산합니다. 특히나 작은
물건들을 자신의 우리로 훔쳐 오는 습성이 있어 주인의 골머리를 앓
게 만들지요. 오죽하면 '페럿'이라는 이름 또한 '도둑'을 뜻하는 단어
'thief'에서 유래했다고 하네요.

이렇듯 페럿은 신체적인 피곤함만을 느낄 뿐 무기력과는 거리가
먼 능동적인 삶을 추구합니다. 반면 우리가 획일화된 일상 속에서 겪
는 감정은 피로가 아닌 무기력일 가능성이 큽니다. 둘 다 맥이 빠지기
는 마찬가지지만 무기력은 짜증을 동반하지요. 무기력을 치료하는 방
법은 온 힘을 다해 노는 것밖에 없습니다. 노는 법을 잊어버리는 순간
부터 우리는 삶에 면역력을 잃어버리게 됩니다. 시간이 없다는 변명은
삼가도록 하세요. 잠깐 깨어 있는 동안 원 없이 노는 페럿처럼 우리도

짬을 내어 열심히 놀면 되는 것입니다. 놀 겨를이 있다면 차라리 쉬거나 다음 일을 미리 처리하고픈 마음이 굴뚝같겠지만, 놀지 못해 연신 무기력하기보단 놀고 나서의 피곤함이 차라리 낫습니다. 몸보단 마음의 피로가 더 견디기 힘든 법이니까요.

그렇게 놀면서 모은 추억이 하나둘씩 마음에 채워질수록 우리는 더욱 든든하게 일상을 보낼 수 있을 것입니다. 지칠 때마다 추억을 꺼내어보며 새로운 힘을 충전해 나가세요.

#무기력 #놀이 #피로

느리지만 능동적인 시간
나무늘보 Sloth [포유류]

　나무늘보는 야생에서 소외된 게 아닌가 싶을 정도로 너무나 느긋하게 움직입니다. 우리의 걱정과는 달리 느린 움직임은 의외로 많은 이점을 가지는데요. 가장 큰 장점은 먹이 걱정이 없다는 것입니다. 활동량이 매우 적어서 고작 나뭇잎 몇 개만으로도 식사를 충당할 수 있지요. 그마저도 소화하는 데엔 한 달이라는 시간이 걸린답니다. 엄연히 배설도 하지요. 나무늘보도 이때만큼은 큰맘을 먹고 움직입니다. 냄새가 나면 천적에게 발각될 위험이 있기에 최대한 멀리 떨어진 곳에 배설을 해야 하지요. 배설과 같이 특별한 경우를 제외하곤 대부분을 나무 위에서 시간을 보냅니다. 매일 나무에 매달린 채로 18시간이나 자는 나무늘보의 등에는 곰팡이가 이끼처럼 수북하게 자리 잡습니다. 이는 보호색의 역할을 하여 천적으로부터 몸을 숨겨주지요. 우리가 어렸을 적에 하던 숨바꼭질을 나무늘보는 평생 동안 해 오는 셈입니다.

　느림은 상대적인 것입니다. 나무늘보처럼 극단적인 느림도 있지만 모두가 일하는 와중에 혼자만 쉬는 행동도 비교적으로 느린 것이지요. 느리면 도태되는 사회의 이치 때문에 많은 사람들은 휴식을 불편해합니다. 그만큼 휴식을 즐기는 데에도 서툴러서 많은 시간이 주어진다 한들 따분한 방식으로 일관하지요. 무의미하고 지루한 휴식은 오히려 피로를 배가시킵니다.

　휴식을 취하는 데에도 나름의 준비가 필요하지요. 알찬 휴식을 위해선 언제, 어떻게, 누구와 보낼 것인지를 고려하여 계획을 짜야 합니다. 이에 앞서 간단한 학습도 필요하기 마련입니다. 하물며 PC방에 가서 쉬더라도 게임의 조작법을 익혀야만 하듯이 말이지요. 처음엔 서툴겠지만 한 번 재미를 붙이게 되면 숙달하는 건 시간문제입니다. 되도록이면 능동적인 재미를 추구하며 주체적인 삶을 만끽하십시오. 빠르고 수동적인 삶에서 벗어나 나무늘보처럼 느리지만 능동적인 시간을 가져보십시오.

#휴식 #학습 #계획

만족하는 삶
사자 Lion [포유류]

사자는 수많은 짐승들 중에 으뜸이라는 의미로 '백수(百獸)의 왕'이라 불립니다. 더불어 무리 생활까지 자처하기에 야생에서 아무도 넘볼 수 없는 영향력을 행사하지요. 가장 힘이 센 수사자는 사냥보다는 주로 새끼들을 지키는 데 힘을 쏟습니다. 또한 수사자는 갈기 때문에 열이 쉽게 방출되지 않아 무엇보다 햇빛을 더욱 조심해야 하지요. 적당한 그늘을 찾고나면 보통 하루에 15시간을 휴식하며 보냅니다. 한 번 배불리 먹고 나면 며칠 동안 사냥을 쉬기도 하지요. 어쩌면 '백수(白手)의 왕'이라는 칭호도 어색하지 않겠습니다.

흔히들 진정한 만족은 가까이 있다고 말합니다. 난해하진 않지만 상당히 어렵게 다가오는 말이지요. 일상적인 존재들은 친숙한 나머지 귀중함을 망각하게 되기 때문입니다. 세상에서 둘도 없이 가까울뿐더러 변함없는 가치를 보장하는, 가족과 친구들의 존재가 그러하지요. 이들로부터 느끼는 만족감은 웬만한 속세의 가치들을 무의미하게 만들 정도로 위대합니다. 늦게나마 관계의 소중함을 깨달은 이들은 사람들의 환심을 사기 위해 만용을 부리다가 적지 않은 부작용을 호소하기도 하지요. 마치 수사자가 갈기를 통해 암사자의 마음을 얻는 대신 더위를 먹는 것처럼 말입니다.

임종을 앞둔 사람들은 하나같이 관계적인 소홀함에 대한 아쉬움을 표합니다. 당신은 아직 푸념을 하기엔 이릅니다. 지금이라도 당신의 삶을 만족케 하는 가장 큰 가치가 무엇인지 진지하게 고심해 보십시오.

#관계 #가치 #성찰

바다가 짠 이유
바다코끼리 Walrus [포유류]

바다코끼리는 코끼리의 상아를 닮은 긴 송곳니를 자랑합니다. 물론 덩치도 코끼리에 못지않지요. 1m가량 자라는 송곳니는 천적을 방어하거나 짝짓기를 위해 경쟁할 때 유용하게 쓰입니다. 물을 벗어나 얼음

위로 오르는 데에도 요긴하게 사용되지요. 한편 잠수에도 능숙한 바다코끼리는 바다 깊이 분포한 조개류를 주로 먹고 삽니다. 두꺼운 지방층 덕분에 추운 극지방의 바다에서도 문제없이 체온을 유지할 수 있지요.

　사실 우리도 극지방만큼이나 추운 바다에 종종 잠기고는 합니다. 영혼까지 얼어붙을 만큼 추운, 고독으로 가득 찬 슬픔의 바다에 말이지요. 추위를 이겨내기 위해서는 바다코끼리처럼 깊은 바다에 자리한 먹잇감을 섭취하여 지방층을 이루어야만 합니다. 이는 슬픔 속에서 새로운 삶의 가치를 찾아내 간직해야 한다는 말입니다. 수면이 높아질수록 더욱 깊이 잠수가 가능한 만큼 슬픔을 기회로 깊어진 내면을 들여다보며 진정한 삶의 이유들을 찾아 견고한 삶의 발판을 마련해야 합니다. 하지만 슬픔은 가장 약할 때를 노려 우리를 지배하는 만큼 저항하기 힘든 것이 사실입니다. 자존심이라도 지키려 사력을 다해 참아보지만 애석하게도 몸은 따라주지 않지요. 몇 방울의 눈물이 넘쳐흐르며 이내 물꼬를 틔워 바다를 이루는 것이 흔한 일입니다. 극복 불가능한 슬픔이라면 맘껏 우는 것이 가장 좋습니다. 더불어 눈물이 과거에 가지고 있었던 그릇된 시각들을 씻어냄으로써 통찰력 깊은 시선을 가지게 도와주지요. 그러니 눈물을 아끼지 말고 눈물로써 짜디짠 바다를 이루어 보십시오. 본디 밍밍한 바다에서는 생명이 강인하게 자라나기 힘든 법이랍니다.

#슬픔 #성찰 #극복

애매한 적응을 삼가라

사막여우와 북극여우 Fennec fox & Arctic fox [포유류]

여우는 뛰어난 적응력을 바탕으로 사막과 북극에서도 완벽하게 정착하였습니다. 사막여우와 북극여우가 그 치열했던 적응의 증거이지요. 사막여우는 땀을 잘 흘리지 않는 대신 큰 귀를 통해 열을 내보냅니다. 그만큼 청각도 좋아서 사냥에 매우 능숙하지요. 반면 북극여우는 열 방출을 최소화하기 위해 귀가 작습니다. 뛰어난 보온성을 자랑하는 털가죽이 영하 50도에 달하는 살인적인 추위를 버티게 해주지요. 또한 북극여우는 낮은 온도일수록 털이 더욱 잘 자라는 신기한 특성이 있습니다. 같은 종임에도 불구하고 이렇게나 다른 모습을 보인다는 게 실로 놀라울 따름입니다.

세상을 살아가는 모습이 여우와 같은 사람들이 있습니다. 마치 사막여우와 북극여우를 반씩 섞어놓은 듯한 이상한 모양새를 띠지요. 세상살이 속에 사막여우처럼 열을 많이 받으면서도, 북극여우처럼 열을 방출하지 않습니다. 여우같이 세상살이에 능숙하지만 쓸데없이 뛰어난 참을성 때문에 스트레스를 과도하게 축적하지요. 삶이 요구하는 역량이 당신이 가진 열량을 뛰어 넘어버린 것입니다. 이제는 당신이 가진 열량에 맞게 환경을 조절해야 합니다. 여우들과 같이 우선 주어진 환경 속에 자신만의 굴을 만드세요. 짜여진 일상으로부터 독립된 하나의 자유로운 공간을 확보하는 것입니다. 그렇게 만들어진 굴 안에서는 먼저 심신을 안정시키는 데 주력하세요. 그런 다음 꿋꿋이 털갈이를 하여 강인한 모습으로 거듭나세요.

#스트레스 #휴식 #변화

예민함은 축복이다
개 Dog [포유류]

개가 냄새를 특출나게 잘 맡는다는 건 익히 알려진 사실입니다. 후각세포의 개수가 사람의 수십 배에 달하고 기능도 훨씬 우수해서 자그마치 백만 배나 냄새를 더 잘 맡지요. 더불어 제이콥슨 기관이라는 특수한 후각기관 덕분에 입으로도 냄새를 맡는답니다. 개는 코와 입으로 모두 냄새를 맡을 수 있지만 수분이 마르면 후각 능력이 발휘되지 못하는데요. 때문에 항상 코를 핥아주는 습관이 몸에 배어 있답니다.

개의 후각처럼 유달리 예민한 성격의 사람들이 있습니다. 일상 속의 사소한 자극에도 부담을 느끼고 적응하기 힘들어 하지요. 그들은 괜히 스스로를 자책하거나 세상을 향한 원망 속에서 암울하게 살아갑니다. 그들이 저주하는 예민함은 사실 축복받아 마땅한 능력인데도 말이지요. 예민함은 상황을 세세하게 인식하도록 도와주어 일의 완성도를 높여줍니다. 민감한 만큼 얻게 되는 수많은 영감을 바탕으로 창조적인 일을 수행해내는데도 두각을 나타내지요. 예민함은 사람을 대할 때에 매우 각별한 관계를 지향할 수 있게 도와줍니다. 기왕에 바꿀 수 없는 성격이라면 차라리 이를 이용하여 많은 장점들을 누리는 게 삶을 낭비하지 않는 현명한 방법입니다. 감각이 마르면 삶 또한 황폐해지니 조심하세요.

#감각 #성격 #긍정

자기 긍정
가는뿔가젤 Rhim Gazelle [포유류]

물을 거의 마시지 않고도 살아가는 동물이 있습니다. 사막과 같은 건조 지대에 사는 가젤은 오로지 풀을 통해 섭취한 수분만으로도 갈증을 이겨냅니다. 심장과 간을 비롯한 장기들을 수축시키는 능력이 있어서 산소가 덜 필요하게 되고, 호흡이 줄어듦에 따라 수분 손실도 감소된답니다. 물을 적게 마시고도 다른 동물들보다 효과적으로 더위를 견딘다니 정말이지 신기하지 않을 수 없네요.

삶이 무미건조할 땐 가젤과 같은 자세가 큰 힘이 됩니다. 장기를 수축시켜 상대적인 만족감을 느끼는 가젤처럼 보다 겸손한 자세로 힘든 상황에 임하며 긍정을 추구해보는 것이지요. 더 열악한 환경의 사람들이나 혹은 그랬던 적이 있는 자신의 과거를 되돌아보며 현재에 감사하는 것도 좋습니다. 이미 더한 상황을 이겨냈다는 데서 자신감마저 생기지요. 항상 상황이 나아질 것이라는 믿음을 유지한다면 머지않아 점점 현실이 될 것입니다.

#감사 #긍정 #겸손

적당한 허세가 주는 이점

목도리도마뱀 Frilled lizard [파충류]

목도리도마뱀은 넓은 목주름을 아주 유용하게 사용합니다. 짝짓기를 위해 암컷을 유혹하거나 체온을 조절하는 데에도 요긴하게 쓰지요. 적을 맞닥뜨렸을 때는 목주름을 부풀려 위협하기도 합니다. 겁을 주는 데 실패하면 나무 위로 도망가거나 적을 깨물어 공격하는 배짱도 보여주지요.

목도리도마뱀의 목주름처럼 실속은 없지만 기세만 등등한 자세를 '허세'라고 합니다. 많은 사람들은 허세를 자만심이 발휘된 것으로 여기며 기피하지요. 하지만 남에게 피해를 주지만 않는다면 적당한 허세는 여러모로 좋은 효과가 있습니다. 실제로 허세스러운 자세만 취해주어도 스트레스가 줄어들고 자신감이 상승한다는 연구 결과가 있지요. 또한 적당한 허세는 자신의 능력과 개성을 긍정적으로 바라볼 수 있도록 도와줍니다. 더불어 다른 이들에 대한 관심과 존중에도 관대해지므로 곧잘 원만한 인간관계를 형성할 수 있지요. 허세를 부리는 데 필요한 건 자신감입니다. 당신은 허세를 부려도 될 만큼 충분히 소중한 사람이라는 걸 잊지마세요.

#자신감 #개성 #표현

경계하고 또 경계하라
도도새 Dodo bird [조류]

도도새는 날지도 못할뿐더러 사람들에게 아무런 적개심을 가지지 않아서 포르투갈어로 '멍청이'라는 뜻의 이름이 붙게 되었습니다. 도도새는 지금으로부터 약 500년 전, 인도양의 모리셔스 섬에서 뱃사람들에 의해 처음 발견되었는데요. 오직 조류들만 살고 있는 섬이었기에 천적이 없었던 도도새는 날개가 퇴화된 지 이미 오래였답니다. 사람들은 섬에 정착함과 동시에 다양한 편의시설을 짓기 시작했습니다. 배를 통해 무심코 들여 온 동물들은 인간들 못지않게 새들의 서식지를 점령하고 파괴했지요. 날지 못하는 도도새는 이 광경을 가만히 지켜만보다 채 200년도 되지 않아 멸종하기에 이르렀습니다. 한 번에 한 개의 알만 낳는 노노새가 이만큼이나 버틴 것도 대단한 일이지요.

작은 섬에서 소박한 삶을 추구했던 도도새의 평온함은 어느 불청객들에 의해 산산조각이 나고 말았습니다. 처음엔 도도새의 서식 환경을 훼손하기 시작하더니 결국엔 삶 자체를 송두리째 앗아가버렸지요. 당신의 주변에도 이런 부류의 사람들이 있다면 소통하기를 꺼리십시오. 이들은 자신의 필요에 의해서만 관계를 지향합니다. 친밀함을 빌미로 자신의 입맛에 맞게 상대방의 소유를 빼앗아가지요. 그들에게 타인의 개성이란 자신들의 탐욕을 가로막는 성가신 전유물에 지나지 않습니다. 괜히 상대하려 들어봤자 감정만 낭비하고 상처만 받을 것입니다. 사람은 쉽게 바뀌지 않으니까요. 다만 우리는 도도새처럼 가만히 앉아

당하고만 있지 않아야 합니다. 항상 그들을 경계하며 언제든 피해 달아날 수 있어야 하지요. 아무리 자신만의 삶을 구축했어도 세상을 향한 경계를 허물어뜨리지 마십시오. 역사 속의 위인들도 잠깐의 방심으로 평생의 업적을 잃은 경우가 허다하답니다.

#관계 #회피 #경계

흔쾌히 진흙탕에 뛰어들어라
돼지 Pig [포유류]

돼지는 개 부럽지 않은 예민한 후각과 영리한 두뇌를 가지고 있습니다. 뚱뚱한 외모가 주는 둔감한 이미지에 묻혀 주목을 받지 못할 뿐이지요. 또한 돼지는 목 구조 때문에 위를 올려다보지 못한답니다. 평생을 땅만 보고 살아야 하는 기구한 운명을 타고났지요. 땀샘마저 조금밖에 없어서 체온을 식히기 위해 부지런히 진흙탕에 몸을 뒹굴어야만 합니다. 처량하기 그지없는 상황이지만 돼지는 언제나 근심 없이 살오른 모습을 보이지요.

비좁은 환경에서 지겹도록 되풀이되는 일상에 지쳤다면 가끔은 돼지처럼 행동해 보세요. 생각보다 사람들은 당신에 대해 별다른 관심을 가지지 않습니다. 그러니 체면 따윈 무시해버리고 쌓일 대로 쌓인 울화통을 해소할 당신만의 진흙탕을 찾아보세요. 운치 있는 진흙탕을 찾

아냈다면 마음껏 몸을 뒹굴며 행복을 만끽하세요. 힘들수록 환경을 재

해석해야 합니다. 세상은 당신이 마음먹기에 따라 불쾌한 진흙탕이 될

수도 있고, 몸과 마음을 정화하는 목욕탕이 될 수도 있는 법이니까요.

#불행 #긍정 #순응

자업자득

북극곰 Polarbear [포유류]

북극곰은 두꺼운 털가죽과 지방층 덕분에 혹독한 추위에도 끄떡없습니다. 하얀 털에 가려 보이지 않지만 실제로는 검은색인 피부는 열을 잘 흡수하여 체온을 높여주지요. 북극곰은 사냥을 하는 데에도 최적의 신체 조건을 갖추었습니다. 커다란 포유류들도 무리 없이 사냥할 수 있지요. 동물들이 숨을 쉬러 나올 때를 노려 기습 공격을 가합니다. 먹잇감이 눈치채지 못하도록 얼굴을 가리는 교묘함도 보이지요. 이렇듯 뛰어난 적응력과 출중한 사냥 실력을 가진 북극곰이지만 단 한 종의 포유류로 인해 골머리를 앓는답니다. 바로 우리 인간들의 무분별한 자원 낭비와 환경 파괴로 인한 지구온난화 때문이지요. 지구온난화의 영향으로 빙하가 녹아내리면 북극곰은 삶의 터전을 잃게 됩니다. 지금도 빙하가 점점 줄어들고 있어서 사냥을 하고 나서 쉴 곳을 찾아 헤매느라 북극곰들이 종종 기진맥진한 모습을 보이지요. 더불어 수온이 상승하면 먹이들의 개체 수마저 줄어든답니다. 돌이키기엔 늦은 감이 있는 우리 인간들의 과오이지요.

인간관계에 있어 북극곰과 같은 이들이 있습니다. 북극곰의 가죽처럼 자신만의 두꺼운 가치관이 형성되어 있어 남의 고통에 둔감하지요. 심지어는 다른 이들의 단점을 자신의 놀잇감으로 삼아 끈질기게 괴롭히기도 합니다. 분명한 건, 이러한 과오가 계속될수록 사람들 속에 설자리는 점점 줄어든다는 사실입니다. 관계를 유지하는 최소한의 발판마저 피해자의 분노에 녹아 무너져버린다면 고독이란 나락으로 떨어져 결국 바다보다 더한 냉혹함을 맛보게 되지요.

그러니 장난이라도 절대로 다른 이들을 괴롭히지 마세요. 평소에도 자신이 무심결에 저질렀던 만행은 없었는지 되돌아보는 태도를 가지세요.

#관계 #상처 #성찰

힘차게 일어서기 위해 과감히 쓰러져라
벌새 Humming bird [조류]

벌새는 이름처럼 벌과 닮은 짐이 많습니다. 꿀을 좋아하는 섯은 물론이고 큰 벌과 비슷할 정도로 새 중에서 가장 몸집이 작지요. 벌 만큼은 아니지만 초당 70회의 빠른 날갯짓이 가능하답니다. 그만큼 세밀한 조종도 가능하여 꽃에 앉지 않고도 꿀을 빨아먹지요. 벌새는 엄청난 활동량을 유지하기 위해 매일 몸무게에 육박하는 양의 꿀을 섭취한답니다. 정신없이 에너지를 회복하고 나면 곧바로 휴식을 취하는데요. 벌새는 대사 속도가 매우 빨라서 쉬면서도 에너지가 고갈되어 죽을 수 있다고 합니다. 때문에 에너지를 최대한 절약하기 위해 가사 상태에 가깝게 잠을 자지요. 휴식의 즐거움마저 누리지 못한다니 정말 안타깝기가 그지없습니다.

우리들도 가끔은 벌새처럼 믿을 수 없는 활동량을 발휘하고는 합니다. 다만 휴식을 소홀히 함으로써 벌새처럼 일시적인 탈진이 아닌 만성적인 탈진 상태를 겪지요. 심한 경우는 휴식의 대부분을 쪽잠에만 의지합니다. 애초에 시간을 충분히 확보할 수 없는 상황이 대부분입니다. 주어진 시간이라도 효율적으로 쉬는 수밖에 없지요. 우선 낮잠을 필수적으로 실행해야 합니다. 아침부터 잠이 덜 깬 상태로 겨우 버티다가 오후에 접어들며 식곤증마저 가세해버리면 매우 피곤한 상태가 되는데요. 이때의 낮잠은 마치 하루를 다시 시작하는 듯한 활기를 되찾아줍니다. 같은 시간으로 비교했을 때 저녁보다 몇 곱절의 효율을 가지지요.

이제 일과가 끝나면 본격적으로 밤잠을 자기 위한 준비를 해야 합니다. 밤이 되면서부터 차차 심신과 정신을 안정시켜 주세요. 따뜻한 물에 몸을 담그고 과한 운동과 자극적인 음식을 피하는 것이 좋습니다. 특히 업무로부터 완전히 벗어나야만 수면의 질을 높일 수 있지요. 잠자리에 들 시간이 가까워지면 되도록 인공적인 불빛을 피하고 어둠에 익숙해지세요. 다만 은은한 스탠드에 의지하여 지루한 책을 읽는 행위는 수면을 앞당기는 좋은 방법입니다. 편안한 마음으로 졸음이 찾아오기를 기다리세요. 참고로 다음날 아침에 기상하고 나서 가볍게 운동을 하거나 시원한 물로 샤워를 하면 밤중에 쌓인 피로가 떨어져나가며 활력 있게 하루를 시작할 수 있답니다. 매일을 힘차게 일어나고 싶다면 매일 밤 과감히 쓰러지는 용기를 발휘하세요.

#휴식 #준비 #수면

투명함에 투영되는 삶의 지혜

유리메기(Glass catfish)는 그 이름처럼 굉장히 투명한 몸을 가지고 있습니다. 무려 뼈와 내장이 다 보일 정도이지요. 투명한 몸의 비밀은 비늘이 없기 때문이기도 하지만 체내에서 분비되는 특수한 기름 성분이 몸을 투명하게 만든답니다. 죽고 난 뒤엔 기름의 분비가 멈추어 몸이 투명함을 잃고 하얀색을 띠게 되지요. 한편 유리메기는 지극히도 무리 생활을 좋아하는데요. 한 무리의 유리메기 떼가 투명하게 물살을 가르는 모습은 가히 장관이랍니다.

유리메기가 자신의 몸에 빛을 통과시키듯이 사람들의 시선을 그대로 흘려보내는 것, 그러면서도 가식 없이 진실한 모습만을 드러내 보이는 것, 심성이 맑은 사람들과 함께 어울려 지내는 것이 진정한 외유내강(外柔內剛)의 자세가 아닌가 싶습니다.

학창 시절 이후로 발길이 뜸했던 동물원을 오래간만에 큰맘을 먹고 가보았습니다. 여전히 수많은 동물들이 같은 자리에 남아 마치 기다렸다는 듯이 나를 맞아주었지요. 옛날에는 마냥 신기하고 즐거웠던 풍경이었지만 이제는 눈에 보이는 것이 있었습니다. 울타리 안에서 맥없이 서성이는 그들의 눈에 비친 '무력감'을 말이지요. 종종 들려오는 울부짖음은 사람들을 경계하려는 동시에 머나먼 야생의 삶을 그리워하는 듯 느껴졌습니다. 그 어떤 동족들보다 안전한 환경과 긴 수명을 누리면서도 영 내키지 않는 듯한 모습이었지요. 끊임없는 사람들의 시선과 참견, 그리고 철제 울타리를 따라 규정지어진 자신들의 자유가 안락한 삶을 위해 치러야 하는 크나큰 '대가'임을 알아차린 것입니다. 야생성조차 무뎌질 대로 무뎌져버린 이들은 뒤늦게 자연 속에 방사되더라도 자유로운 죽음만을 얻게 될 뿐이지만요.

짐작컨대 동물원에 제 발로 걸어 들어온 동물은 단 한 마리도 없을 것입니다. 죄다 거부할 수 없는 요인들에 붙잡혀 끌려온 셈이지요. 지금의 당신 또한 그럴 것입니다. 만약 아직도 당신을 끓어오르게 하는 일말의 욕망이 남아있다면, 그리고 무엇보다 자유를 동경한다면 호시탐탐 기회를 갈구하여 우리를 뛰쳐나가세요. 열정이 빛날 때라야 당신은 비로소 당신다워지니까요.

참고 자료

도서

- 가미카와 키요오 지음, 문만용 옮김,《뇌를 만들어낸 생물의 불가사의》, 아카데미서적, 2000.
- 과학동아 편집실 지음, 신광복 엮음,《북극곰이 흰색인 이유》, 성우, 2003.
- 교육연구소아인 지음,《몬스터 디자이너되기》, 아인, 2007.
- 김무상 지음,《어류의 생태》, 아카데미서적, 2003.
- 김보일 지음,《한국의 교양을 읽는다 2》, 휴머니스트, 2006.
- 김영한 · 한창욱 지음,《펭귄을 날게 하라》, 위즈덤하우스, 2007.
- 김형자 지음,《똥으로 해결한 과학》, 갈리온, 2007.
- 닐스 엘드리지 지음, 김동광 옮김,《오카방고 흔들리는 생명》, 세종서적, 2002.
- 다나카 마치 지음, 이동희 옮김,《약이 되는 독 독이 되는 독》, 전나무숲, 2013.
- 데이비드 허친스 지음, 김철인 옮김,《레밍 딜레마》, 바다출판사, 2001.
- 마티아스 울 외 지음, 박규호 옮김,《왜 그 사람이 더 잘나갈까》, 2009.
- 만프레트 라이츠 지음, 장혜경 옮김,《기이한 동물 추적기》, 프로니시스, 2007.
- 박상곤 지음,《변화의 기술》, 미래와경영, 2009.
- 발터 크래머 외 지음, 박영구·박정미 옮김,《상식의 오류사전 747》, 경당, 2007.
- 백의인 지음,《바닷가 생물》, 아카데미서적, 2001.
- 변신원 지음,《디지털로 사고하고 양성적으로 리드하라》, 삼성경제연구소, 2005.
- 송은영 지음,《재미있는 과학상식》, 맑은창, 2004.
- 스티븐 베리 지음, 권오열 옮김,《세렝게티 전략》, 서돌, 2009.
- 아우구스트 혼다 지음, 양억관 옮김,《나무늘보는 변할 수 있을까》, 국일미디어, 2001.
- 아카데미서적 편집부,《아카데미 생명과학사전》, 아카데미서적, 2003.
- 안치용 지음,《트렌치 이코노믹스》, 리더스북, 2009.
- 애드리언 포사이스 지음, 진선미 옮김,《성의 자연사》, 양문, 2009.
- 에이미 스튜어트 지음, 이한중 옮김,《지렁이》, 달팽이출판, 2005.
- 오리 브래프먼 외 지음, 김현숙 외 옮김,《불가사리와 거미》, 리더스북, 2009.
- 오윤섭 지음,《부동산 가치투자》, 원앤원북스, 2006.
- 왕경국 외 지음,《유식의 즐거움》, 휘닉스, 2006.

· 윤도영 지음, 《호주》, 삼성출판사, 2007.
· 이범성 지음, 《청소년을 위한 과학 에세이》, 꿈과희망, 2005.
· 이태혁 지음, 《사람의 마음이 읽힌다》, 경향미디어, 2011.
· 정재승 외 지음, 《있다면? 없다면!》, 푸른숲주니어, 2008.
· 조 내버로 · 마빈 칼린스 지음, 박정길 옮김, 《FBI 행동의 심리학》, 리더스북, 2010.
· 조엘 가로 지음, 임지원 옮김, 《급진적 진화》, 지식의 숲, 2007.
· 조현래 지음, 《아침의 혁명》, 미네르바, 2004.
· 존 브룩만 지음, 이영기 옮김, 《위험한 생각들》, 갤리온, 2007.
· 존 타일러 보너 지음, 김소정 옮김, 《크기의 과학》, 이끌리오, 2008.
· 최승일 지음, 《상식으로 알아보는 몸의 과학》, 양문, 2007.
· 최종욱 지음, 《동물들에게 물어봤어》, 아롬주니어, 2016.
· 클로드 귀댕 지음, 최연순 옮김, 《살아있는 모든 것의 유혹》, 휘슬러, 2006.
· 프란츠 M. 부케티츠 지음, 이덕임 옮김, 《겁쟁이가 세상을 지배한다》, 이가서, 2011.
· 프레데릭 살드만 지음, 김희경 옮김, 《내몸 대청소》, 김영사, 2009.
· 한국과학재단 엮음, 《노벨상을 꿈꾸는 과학자들의 비밀노트》, 중앙에듀북스, 2009.
· 한국박물관연구회 지음, 《한국의 박물관 2》, 문예마당, 1999.
· 후루타 야스시 지음, 이종훈 옮김, 《앨버트로스의 똥으로 만든 나라》, 서해문집, 2006.
· E. Banister 지음, 주성필 옮김, 《동물대백과 13》, 아카데미서적, 1995.
· George B. johnson 외 지음, 전병학 외 옮김, 《생명과학》, 동화기술, 2007.

뉴스 기사

· 〈과학의 향기-고혈압에 대처하는 기린의 자세〉, 대전일보, 2008년 6월 16일
· 〈'금욕의 아이콘이라고요?'…그린란드 상어의 진실〉, SBS 뉴스[스브스스토리], 2017년 6월 2일
· 〈두꺼비 지진 예측, 사실로 드러나〉, 한겨레 환경생태 전문 웹진, 2011년 12월 6일
· 〈"둥그런 알… 길쭉한 알… 새 몸통따라 알 모양 달라진다"〉, 동아일보, 2017년 6월 23일

- 〈사막 영양, 심장 : 간 줄여 여름 견뎌〉, 한겨레, 2006년 6월 13일
- 〈[오피니언 오후여담] 두루미〉, 문화일보, 2007년 11월 30일
- 〈지구 멸망해도 생존하는 최강의 생명체 '곰벌레'〉, 인사이트, 2016년 12월 1일
- 〈'피눈물' 쏘는 뿔도마뱀의 사연〉, 한겨레, 2007년 7월 6일
- 〈학은 왜 붉은가 – 뿌린 대로 거둔다〉, 대구신문, 2017년 9월 20일
- 〈한겨울 연못 밑 붕어는 술에 기대어 생존한다〉, 한겨레 환경생태 전문 웹진, 2017년 8월 17일
- 〈"휘이이이익, 호르륵" 울음소리에 사투리 섞여있대요〉, 조선일보[신문은 선생님], 2016월 8월 10일
- 〈Terry Tempest Williams. "In the Shadow of Extinction"〉, The New York Times, 2003년 2월 2일

웹사이트

- 두산백과사전 두피디아 http://www.doopedia.co.kr
- 네이버 지식백과[네이버캐스트]
  https://terms.naver.com/entry.nhn?docId=3571869&cid=58945&category
  Id=58974
- 네이버 지식백과[서울동물원 동물정보]
  https://terms.naver.com/list.nhn?cid=42478&categoryId=42505

세종처럼 읽고 다산처럼 써라

- 다이애나 홍 지음
- 고전 | 리더십
- 정가 14,000원

옛 선현들의 독서와 글쓰기 습관에서 자기계발의 답을 찾는다. 특히 독서를 통한 자기 수양과 글쓰기의 모범이라 할 수 있는 세종과 다산에게서 배울 수 있는 교훈을 진지하게 탐구했다.

반성의 역설

- 오카모토 시게키 지음
- 조민정 옮김
- 인문 | 교육 | 사회
- 정가 13,800원

저자는 교도소에 수감 중인 수형자를 교정지도하고 있는 범죄 심리 전문가다. 그는 수감자와의 상담을 통해 반성의 역설적인 면을 폭로한다. 이를 통해 진정한 반성이 무엇인지에 대한 고찰을 담고 있다.

증광현문의 지혜

- 한주서가 엮음
- 자기계발 | 처세
- 정가 15,000원

증광현문은 《명심보감》, 《채근담》과 함께 동양의 3대 격언집으로 꼽히는 책이다. 이 책은 증광현문에서 가려 뽑은 365가지 구절과 함께 다양한 이야기로 특별한 깨달음을 준다.

생각의 크기만큼 자란다

- 장석만 지음
- 청소년 | 철학
- 정가 12,000원

이 책에서는 '창의력이란 무엇일까?'라는 물음에 70여 명의 위인들이 답한다. 남들과 다른 생각, 앞선 생각으로 세상을 바꾼 인물들의 이야기를 통해 창의적인 사고란 어떤 것인지를 보여준다.

신화로 읽는 심리학

- 리스 그린, 줄리엣 샤만버크 지음
- 서경의 옮김
- 심리 | 인문
- 정가 15,000원

그리스·로마 신화부터 히브리, 이집트, 켈트족, 북유럽 신화 등, 총 51가지 신화를 소개한다. 인간의 성장 과정에 맞춰 내용을 구성하였고, 신화에 담긴 교훈을 심리학 면에서 살펴보았다.

공인의 품격

- 김종성 지음
- 인문 | 사회
- 정가 15,000원

사회 지도층의 도덕적 의무를 뜻하는 노블레스 오블리주의 연원과 의미를 재조명하였다. 이 책은 그리스, 로마뿐만 아니라 세계 각지의 역사에서 노블레스 오블리주 사례를 찾아 소개하고 있다.

유대인 유치원에서 배운 것들

- 우웨이닝 지음
- 정유희 옮김
- 육아 | 유대인 교육
- 정가 13,000원

오래전부터 유대인의 교육방침은 유명했다. 유명한 데에는 이유가 있는 법! 이 책은 자녀 교육의 모범답안이라는 유대인의 교육법을 '동양인'의 시선으로 바라본 책이다.

내 안의 마음습관 길들이기

- 수제, 진홍수 지음
- 김경숙 옮김
- 자기계발 | 심리
- 정가 13,500원

생활 속에서 흔히 경험하는 심리 현상을 소개하고, 사람들의 행동에 숨겨진 심리적 원인을 쉬운 언어로 해석했다. 더불어 자신의 마음을 다스리고, 원활하게 사회생활을 해 나갈 수 있는 구체적인 방법을 제시한다.

세상에 쓸모없는 사람은 없다

- 웨이완레이, 양셴쥐 지음
- 조영숙 옮김
- 인문 | 자기계발
- 정가 15,000원

노자의 사상을 도, 덕, 유, 무, 반, 수의 법칙으로 종합해 설명하였으며, 현대 기업 경영에 적용하는 방법이 담겨 있다. 기업을 이끄는 데 필요한 경영 전략을 현실적으로 제시한다.

내 안의 겁쟁이 길들이기

- 이름트라우트 타르 지음
- 배인섭 옮김
- 자기계발 | 심리
- 정가 13,500원

남의 시선을 두려워하는 사회불안 증세는 우리 사회에 만연해 있다고 해도 과언이 아니다. 이 책에는 심리치료사이자 독일의 유명 무대 연주자가 쓴 무대공포증 정복 비법이 담겼다.

임원보다는 부장을 꿈꿔라

- 김남정 지음
- 자기계발 | 직장생활
- 정가 14,000원

대한민국에서 가장 치열한 분위기의 직장이라 할 수 있는 삼성전자에서 30년을 근속한 저자가 사회생활의 요령을 논하는 책이다. 직장에서 인간관계는 승진과 앞으로의 직장생활을 좌우할 만큼 중요하다는 주장이다.

모략의 기술

- 장스완 지음
- 인문 | 고전
- 정가 14,000원

중국 역사상 가장 혼란했던 시기에 탄생한 처세의 교과서를 현대에 맞게 재탄생시켰다. 주변의 상태와 형세를 살피고 일을 정확하게 파악하는 기술, 재능 있는 인재를 올바르게 등용하는 방법 등 우리들에게 꼭 필요한 조언들로 가득하다.

누가 왕따를 만드는가

- 아카사카 노리오 지음
- 최지안 옮김
- 인문 | 사회
- 정가 14,500원

차별 문제를 '배제'라는 키워드로 보고 학교 내 따돌림, 사이비 종교, 장애인 차별, 묻지마 범죄, 젊은이들의 현실 도피 등 6개의 주제로 나누어 분석했다.

마음을 흔드는 영업의 법칙

- 와타세 켄 지음
- 화성네트웍스 옮김
- 영업 | 세일즈
- 정가 13,500원

소심한 성격의 저자는 한때 실적이 없어 무시 당하던 세일즈맨이었다. 하지만 끊임없는 시 행착오 끝에 나름의 영업 기술로 최고의 자리 에 올랐다. 저자는 영업 방식을 바꾼다면 누 구라도 실적을 낼 수 있다고 말한다.

돈, 피, 혁명

- 조지 쿠퍼 지음
- PLS번역 옮김 | 송경모 감수
- 경제학 | 교양 과학
- 정가 15,000원

과학과 경제학 상식이 융합된 독특한 책이다. 혼란했던 과학혁명 직전의 시기를 예로 들어 경제학에도 혁명이 임박했음을 이야기한다. 더불어 최근의 글로벌 경제 위기를 타개하기 위한 아이디어도 제시했다.

엄마의 감정수업

- 나오미 스태들런 지음
- 이은경 옮김
- 육아 | 자녀교육
- 정가 14,800원

저자는 이상론에만 사로잡힌 기존 육아서의 한계를 지적한다. 육아 분야 베스트셀러 작가 이자 심리치료사인 저자가 운영하는 토론 모 임에서 나왔던 많은 엄마들의 사례가 공감을 불러일으킨다.

무엇을 가르칠 것인가

- 허버트 스펜서 지음
- 유지훈 옮김
- 인문 | 교육
- 정가 14,000원

영국의 대표적인 사상가 허버트 스펜서의 교 육 사상을 다룬 저서로 국내 최초 번역물이 다. 찰스 다윈이 "나보다 몇 배는 나은 위대한 학자"라고 평가했던 그는 암기에 치중하고, 도덕에 무지하며, 체력을 경시하는 교육의 문 제에 대해 이야기한다.

상처를 넘어설 용기

- 나영채 지음
- 심리 | 에세이
- 정가 14,000원

심리상담 전문가인 저자는 자신의 경험과 상 담 사례들을 통해 독자들에게 끌어가는 삶을 살 것인지 끌려가는 삶을 살 것인지를 묻는 다. 더불어 과거와 이별하면 현재가 보이며 그렇게 됐을 때 앞으로의 삶을 주도적으로 살 수 있게 된다고 주장한다.

마지막 황실의 추억

- 이해경 지음
- 인문 | 역사 | 에세이
- 정가 15,000원

고종 황제의 손녀이며 의친왕의 딸인 저자가 자신을 비롯한 황실 가족의 삶을 회고한 책이다. 대한제국 황실과 구한말의 숨겨진 역사를 황실 가족의 일생을 통해 재조명했다.

조선의 재발견

- 한주서가 지음
- 인문 | 역사
- 정가 14,000원

우리가 알지 못했던 조선 시대의 모습을 현재와 비교해 다루고 있다. 조선 시대의 특이한 생활상이나 사건을 통해 다채로운 조선의 모습을 보여준다. 교과서에는 없는 색다른 조선의 이야기를 통해 역사에 대한 흥미를 불러일으킨다.

망할 때 깨닫는 것들

- 유주현 지음
- 경제경영 | 창업
- 정가 13,500원

사업 실패 경험이 있는 저자가 알려주는 '창업 정글에서 살아남는 법'에 관한 이야기다. 창업자, 창업 준비자들에게 삭막한 현실을 독설 형태로 풀어 썼다. 현재 실적보다 미래 생존이 중요하다는 뼈아픈 조언이 담겼다.

악당의 성공법

- 루이스 페란테 지음
- 김현정 옮김
- 자기계발 | 경영·경제
- 정가 14,500원

〈비즈니스위크〉 등 유력 경제지들은 저자를 '마피아 경영 구루(Guru; 스승, 대가)'란 말로 표현한다. 저자는 마피아 세계와 비즈니스 조직, 그리고 역사적 사실을 겹쳐놓으며 기업에서도 통하는 성공의 법칙이 담긴 교훈을 말한다.

내가 가장 닮고 싶은 과학자

- 이세용 지음
- 청소년 | 과학상식
- 정가 15,000원

과학사에 있어 중요한 인물만 가려 뽑아 과학사의 흐름을 인물 중심으로 파악할 수 있는 책이다. 위대한 과학적 발견이 어떻게 이뤄지고 그것이 어떻게 오늘날 영향을 미치게 되었는지를 다채로운 에피소드를 통해 만나볼 수 있다.

엄마도 모르는 영재의 사생활

- 주디 갤브레이스, 짐 딜릴 지음
- 정수민 옮김
- 자녀교육 | 교육심리
- 정가 15,000원

영재들이 겪게 되는 다양한 상황과 문제를 영재의 편에서 이야기한다. 학교생활이나 또래와의 관계에서 고민 많은 영재 청소년들과 영재 아이를 둔 학부모, 영재 아이들을 지도하며 어려움을 겪은 교사들이라면 꼭 읽어야 할 책이다.